KB237396

**문지스펙트럼**

한국 문학선

1-007

# 고추잠자리

이하석

문학과지성사

**한국 문학선 기획위원**

김치수 / 홍정선 / 김동식


문지스펙트럼 1-007

# 고추잠자리

지은이 / 이하석
펴낸이 / 김병익
펴낸곳 / 문학과지성사

등록 / 1993년 12월 16일 등록 제 10-918호
주소 / 서울 마포구 서교동 363-12호 무원빌딩 4층 (121-210)
전화 / 편집부 338)7224~5 · 7266~7 팩스 / 323)4180
영업부 338)7222~3 · 7245 팩스 / 338)7221

제1판 제1쇄 / 1997년 7월 10일

값 4,000원
ISBN 89-320-0928-7
ISBN 89-320-0851-5

# 고추잠자리

# 기획의 말

　80년대초 이하석의 첫시집인 『투명한 속』의 출간은 한국의 문학적 현실에서 매우 특이하면서도 이례적인 한 시인의 등장을 알리는 신호탄과도 같았다. 당시 시를 쓰거나 시에 뜻을 두었던 사람들에게 이하석의 시들은, "그래, 이렇게 시를 쓰는 일도 가능하구나"라는 하나의 작은, 그러나 그 반향이 만만치 않은 충격으로 다가왔다. 이하석은 시적 소재의 영역으로부터 소외되어왔던 버려진 못이나 깡통·비닐·유리 조각·나사·총기 따위의 무기물들을 소재로 이른바 '광물학적 상상력'이라 불려진 독창적인 시적 상상력의 영역을 개척함으로써 한국 시단에서 특이한 개성을 지닌 시인으로 자리잡았던 것이다. 그러한 시도는 시적 소재에 대한 우리의 고정관념을 새롭게 수정하도록 요구하는 일이었을 뿐더러, 문명 사회로부터 버려져 아무에게도 주목받지 못하는 무기물들에 대한 극사실주의적인 묘사를 통해 물질 문명 세계가 지닌 비인간적이고 황폐한 삶의 현실을 섬뜩하리만큼 극명하게 드러내는 작업이기도 했다.

　이후로 이하석은 무기물들의 세계로부터 물질적 풍요로움의 뒷골목을 떠도는 이름없는 개인들의 범속하고도 타락한 삶의 모습들로 그 시선을 옮겨가면서 문명과 자연의 대립 구도를 시적 상상력의 발판으로 집요하게 밀고 나가는 독자적인 시세계를 구축해나간다. 자연과 문명의 관계에 대한 극도의 비관적 인식을 바탕에 깔고 있는 이러한 이하석의 시작업은 한국 시에서 문명 비판이라는 주제를 보다 전략화된 미학적 표현의 영역으로 끌어들인 하나의 중요한 성취로서의 의미를 갖는 것이라고 말할 수 있을 것이다.

　물론 지속적인 변모를 거쳐나가는 과정을 통해 이하석의 시들은 문명과 자연의 극명한 대비를 바탕으로 현실에 대한 날카롭고도 냉정한 비판적 인식의 긴장을 유지해나가는 태도로부터, 점차 자연에 대한 고전적인 통합의 정서로 회귀하려는 정신의 움직임을 보여주어왔다. 그것은 이하석의 시세계가 현실에 대한 대립적 인식을 기초로 한 초기의 실험적 열정으로부터 벗어나 그 대립적 현실 인식이 지닌 시적 긴장의 구도를 포기해온 것으로 보일 수도 있을 것이다. 그러나 그 변모에도 불구하고 이하석의 시에서는 여전히 현실을 바라보는 시인의 비관적 인식이 둔중한 언어적 울림으로 퍼져나온다. 이하석의 시적 변모 과정 속에서 우리는 시인의 예리한 관찰의 시선이 점차 우울한 성찰의 시선으로 바뀌어가는 것을 접할 수 있을 것이다.

　이하석은 '시의 시대'로 불려지던 80년대, 빛나는 시인들이 군웅할거하며 시의 융성을 이끌던 시대에 활동을 시작하고 활동을 꽃피웠던 대표적인 시인 가운데 한 사람이다. 민중문학의 이념이 지배하던 시대에 그 이념의 전횡에 휩쓸리지 않은 채, 이하석이 일구어낸 모더니즘적 기법의 탁월한 미학적 성취는 90년대에 들어 더욱 심화되어가고 있는 자본주의적 삶의 조건들에 대한 중요한 문학적 반성의 계기를 제공해주는 것이라고 할 수 있다.

1997년 6월<br>
기획위원

## 금요일엔 먼데를 본다

나의 시를 말한다

투명한 속

# 부서진 활주로

활주로는 군데군데 금이 가, 풀들
솟아오르고, 나무도 없는 넓은 아스팔트에는
흰 페인트로 횡단로 그어져 있다. 구겨진 표지판 밑
그인 화살표 이지러진 채, 무한한 곳
가리키게 놓아두고.

방독면 부서져 활주로변 풀덤불 속에
누워 있다. 쥐들 그 속 들락거리고
가스처럼 이따금 먼지 덮인다. 완강한 철조망에 싸여
부서진 총기와 방독면은 부패되어간다.
풀뿌리가 그것들 더듬고 흙 속으로 당기며.
『타임』지와 팔말 담뱃갑과 은종이들은 바래어
바람에 날아가기도 하고, 철조망에 걸려
찢어지기도 한다, 구름처럼
우울한 얼굴을 한 채.

타이어 조각들의 구멍 속으로
하늘은 노오랗다. 마지막 비행기가 문득
끌고 가버린 하늘.

# 뒤쪽 풍경 1

폐차장 뒷길, 석양은 내던져진 유리 조각
속에서 부서지고, 풀들은 유리를 통해 살기를 느낀다.
밤이 오고 공기 중에 떠도는 물방울들
차가운 쇠 표면에 엉겨 반짝인다,
어둠 속으로 투명한 속을 열어놓으며.
일부는 제 무게에 못 이겨 흘러내리고
흙 속에 스며들어 풀뿌리에 닿는다,
붉은 녹과 함께 흥건한 녹물이 되어.
일부는 어둠 속으로 증발해버린다.
땅속에 깃들인 쇳조각들 풀뿌리의 길을 막고,
어느덧 풀뿌리에 엉켜 혼곤해진다.
신문지 위 몇 개의 사건들을 덮는 풀. 쇠의 곁을 돌아서
아늑하게, 차차 완강하게 쇠를 잠재우며
풀들은 또 다른 이슬의 반짝임 쪽으로 뻗어나간다.

# 또다시 가야산에서

가래잎나무, 물푸레나무, 엄나무들의
뿌리 사이 검은 흙들 부드럽다. 물기에 젖어
돌을 녹이고, 깡통들을 녹여 흙은 스스로를
한없이 넓혀놓는다. 물줄기 곤두박질하는
홍류동 계곡의 물소리에 모든 시간들 씻어 보내며
바위에 새겨놓은 이름들과 시들, 물과 바람과 어둠과
비에 닳아간다. 물소리 흙 속에 스미며
비닐과 수은, 철제 부스러기들의 귀를 먹이고
흙들 그것들 감싸안고 얼리고 녹이며
봄과 여름 또는 가을을 가리지 않고
초목들의 끝 가지까지 물에 실어 보낸다.
마침내 봄 하루의 바람, 물소리와 바위와
흙 밑에 얽힌 모든 뿌리만의 것인
가야산.

# 연탄재들

인제(麟蹄) 부근 산골 부대 쓰레기 하치장,
마분지 조각 쇳조각 껌종이 서류 같은 것들
불에 그슬려, 연탄재 더미 사이로 몸을 숨긴다.
하치장 부근의 오리나무도 불에
그슬려, 어깨가 처진 채로 가지 하나를
힘겹게 하늘로 밀어올린다.
민들레꽃이 황토 비탈에서 잠깐 피었다 진 후
병사들은 다시 주위의 풀들을 뽑아버렸다.
깊은 밤 먼 논의 개구리 울음 소리에
연탄이 하나 허물어져내린다,
뼈들은 바람에 실리어가고
마음은 흙에 묻히며.

# 풀씨 하나 떠돌다가

깡통들 빈속에 고함 숨긴다, 반짝이는
쇳조각에 부딪히며, 흐린 하늘 빈속에 차고
넘치며, 아랫도리 벗겨져 붉게 푸르게 흩어지며.
불에 그슬려 푸른 여인의
입술 타버렸고, 고운 눈 땅속에 처박힌다.
여인의 눈 밑 상표들도 노랗게 땅에 묻히고
그 위 어둠과 비와 햇빛과
비닐의 찢긴 팔이 와서 감는다.
반짝이는 유리 조각들 얼었다가 흐려지는
하늘. 치약 껍질이 긋는 허공 가득히
빈속 잠재우는 눈도 내리고, 이윽고 오는
봄. 풀씨 하나 떠돌다가, 철조망 안
쓰레기 하치장에 떨어져 싹을 틔운다,
허물어진 연탄재 구멍 속으로 하늘 치어다보며.
그 싹 풀들로 자라나 쇠와 유리 조각과
빈 깡통 덮어, 사월이면 풀의 상공에

꽃도 피워낸다. 스스로 이룬 풀씨
다시 사방에 날리며.

# 투명한 속

유리 부스러기 속으로 찬란한, 선명하고 쓸쓸한
고요한 남빛 그림자 어려온다, 먼지와 녹물로
얼룩진 땅, 쇳조각들 숨은 채 더러는 이러저리 굴러다닐
때,
버려진 아무것도 더 이상 켕기지 않을 때,
유리 부스러기 흙 속에 깃들여 더욱 투명해지고
더 많은 것들 제 속에 품어 비출 때,
찬란한, 선명하고 쓸쓸한, 고요한 남빛 그림자는
확실히 비쳐온다.

껌종이와 신문지와 비닐의 골짜기,
연탄재 헤치고 봄은 솟아 더욱 확실하게 피어나
제비꽃은 유리 속이든 하늘 속이든 바위 속이든
비쳐 들어간다. 비로소 쇳조각들까지
스스로의 속을 더욱 깊숙이 흙 속으로 열며.

# 순례 1

어디에서든 바로 가지 못하고 비뚤어진
세상에는 온통 부러지고 망가진
길들뿐. 기름과 석탄 사이를 걸어서
졸면서 또는 기도하는 몸짓으로
어두운 어깨만의 사람들이 지나갔다. 먼지를 덮어쓴
풀들은 깡통들의 투명한 표정들을 감추고 있고,
바람이 나무 둥치를 흔들 때, 나무들
쇠 껴안은 붉은 뿌리에서부터 쓸쓸해지고.
머리에 구름과 모래를 인 사람들이
나무 뿌리들이 감춘 물 속으로 그림자 던지며
지나갔다. 그들은 깡통과 비닐을 비껴 흐르는
길들을 찾아다니면서 많은 기름들을 쏟고
깡통들을 풀밭에 던졌다. 그들은 스스로 흩어놓은
것들 때문에 결코 돌아오는 길을
찾지 못하리라.

인간들이 지나간 들판에 버려진 채로
인간을 그리워하는 것들만이 남아
어느덧 신성한 기운에 싸여갈 뿐.

# 못 2

그들은 녹슨 몸 속에도 여전히 쇠꼬챙이를 가지고 있다.
그들이 깃들인 어느 곳에서든 부스럭거리며
그들은 긁고 찌른다. 흙 속, 헐어버린 건물 안,
이전해버린 공장의 빈터, 폐쇄해버린 술집의
판자 틈, 버려진 구석 어디에서나
그들은 내팽개쳐진 채, 나무든 흙이든 풀이든
바람이든 강철이든 지나가는 쥐의 발목이든 찌른다.

새로 짓는 건물의 벽에서도 떨어져 흙 속에 빠지면서
시멘트 묻은 서까래에 깔리면서 또 하나의 못이
집 밖을 나온다. 하수구를 지나 개울가
자갈밭에 만신창이 몸으로 떠돌다가
그는 침을 숨긴 채 물밑에 반듯이 눕는다,
흐르는 물을 조금씩 찌르면서,
송어 아가미의 피를 조금씩 긁어내면서,
어느덧 그 자신도 쇠꼬챙이도 조금씩 꼬부라지면서,

# 병 2

주스, 코카콜라, 사이다, 뜨거운
소주 같은 것들 사람들의 어깨를 넘어서
떠나가버렸다, 질퍽하게. 미치광이 길을 따라
여름은 발가벗긴 채, 버려진 병의 밑바닥으로
이끌려왔다. 발가벗긴 채 모든 것은 내동댕이쳐졌다.
병들끼리 부딪치며, 그 소리에 시끄러워하며,
흙들의 어둠 속에 빠지면서, 이제는 누구나 먼지 속
혼음의 골짜기로 굴러떨어졌다.

우리가누구냐고요?내용이없으니아무것도아니지요뚜껑이
필요없는빈병일뿐그냥엎드린채더낮게고개숙이고더깊숙한곳
으로몸이나파묻을뿐속은비었지만허전하지않아요우린아무것
도아니라니까요

청정한 세계를 담기 위하여 빈 병은 엎질러진다.
엎질러진 다음 냉정해지는 유리. 스스로 버려지면서

병은 더 이상 담을 수 없는 것들만의 세계 쪽으로
주둥이가 빠진다. 고요하다. 남은 빈 병들은 엎질러지며
그들이 둘러싼 세계가 거꾸로 그 자신들을 껴안는 것을 느
낀다.

# 깡통 4

여뀌야 자리 좀 내놓아라 헝클어진
네 숲에 모여 울던 여치들처럼
나도 좀 자고 가자 흐리고 깊은
빗소리 속 젖은 몸 세우고 빈 채로
빈 깡통 소리 깊어가는 밤

이봐요어깨좀치우라구요누가널상관해?좀비켜나라구요여
긴우리자리예요씹새끼야입에게거품물지마그러지말아요누가
뭐랬어요?우린똑같은거야상관없어개새끼들같으니라구꺼져
버려어디루요?이이상더어디로꺼지란말예요당신이나나나마
찬가지지만우리자신의문제에있어서만은꺼져버리고싶다고말
하고싶진않아요하여튼꺼져버려

우리에게 필요한 것은 돈과 맛있는
식탁과 안락한 의자와 노래와 춤과 종교와 시다운 시와
꿈꾸는 밤 등 모든 풍요한 것들과 이 모든 것을 껴안을 수

있는
　배고픔일 뿐 그걸 누릴 수 있는 권리와 자유일 뿐
　사실이지 우린 그 동안 너무 풍요에만 매달려왔다 이제 배
고픔이
　필요할 때가 되었다 세상의 너무나 많은 아버지들은
　언제나 우리가 찾는 것만을 굳이 보여주었다

　사타구니에 빈 병 꽂아놓은 밤 언덕의
　무성한 풀들이 젖는다 이럴 때
　우리는 서로 쇳소리로 부딪치면서 쇳소리로 묻는다
　아버지 저의 고향은?
　인간? 먼 바다의 모래 언덕?
　또는 아예 고향이라곤 없거나?
　아버진 저의 엄마를 아세요?
　당신은 제가 찾는 것만을 굳이 보여주진 마세요

# 철모와 수통

철모와 수통은 우연히 만나, 조수 속 기우뚱거리며
쓸려내려간다, 굴 껍질 딱딱한 바위 기슭에
때로 휴전처럼 쉬며, 탄흔의 질린 표정을
굴 껍질 밑에 서로 숨기면서. 망가뜨려진 몸으로 갖는
그들의 휴식과 비탄은 공허하다, 전쟁도
그 이상의 평화도 수고의 값도 없이.
오직 쓸려갈 뿐, 차가운 동해의 깊이 속에
내던져진 채, 끊임없이 밑바닥으로만 내려가면서.

몇 마리 광어 새끼들 눈 비비며 철모 속에
숨어든다. 밤, 인광(燐光)의 흰 소금물 속에서
문득 철모의 한끝이 떨어져나간다. 붉은 녹의 껍질로만
사라져간 어둠 속만이 아프다. 광어 새끼들의
잠속으로 몇 개의 불덩이가 지나갔다.
불덩이 쪽으로 열린 광어 새끼들의 꿈을 향해
수통은 막연히 속이 출렁거림을 느낀다.

죽음과 함께 병사의 목줄기를 타고 넘어가버렸던
물. 광어 새끼들의 잠깬 눈을 숨기는
바위 기슭, 수통의 해진 구멍 틈으로
몇 방울 물이 고즈넉이 흘러내렸다, 전쟁도
그 이상의 평화도 갈증도 남김없이
오직 쓸려갈 뿐인 거대한 소금의 밑바닥에서.

# 은종이

바브민트의 옷을 벗긴 다음 소년은 철조망에 반짝이는 천
사를 달아두었다. 봄이 와서 소년의 주머니 속 뽀빠이가 팔
을 올리듯이 천사들의 치맛자락이 하늘로 올라가는 것이 보
였다. 소년은 다시 로봇 태권 V를 철조망에 매달았다. 철조
망 안 어두운 몸들을 세운 풀들 위로 로봇 태권 V는 철권을
흔들고 작년의 은종이 천사들이 찢긴 날개로 혼곤한 세상의
봄 속을 날아가는 것이 보였다. 소년은 그 봄을 사랑했다.

김씨의 옆얼굴

# 컵 2

파도는 밀려와 모래를 쓸며 밀려간다 유리컵이
모래 위에서 기울어진다 파도는 밀려와 모래를 쓸며
밀려가며 유리컵을 건드린다 유리컵은 다시 조금
기울어진다 파도는 밀려와 우우 소리를 내면서 밀려가며
유리컵을 바다 쪽으로 조금 밀어놓는다 파도는 밀려오면서
유리컵을 솟구쳤다간 모래 위에 내동댕이치며
밀려가며 유리컵을 끌어당긴다 파도는 밀려오면서
유리컵을 밀어붙였다간 밀려가며 유리컵을 쓸어가다가
그냥 버려둔다 유리컵은 바닷물을 토한다 파도는 밀려와
유리컵을 해안으로 밀어붙인다 유리컵은 모래를
토한다 파도는 밀려가며 유리컵을 바다로
밀어붙인다 파도는 밀려와 유리컵을 해안으로
밀어붙인다.

썰물 무렵 유리컵은 모래에 몸이
반쯤 묻힌 채 해안 멀리

　　　　　　　　　　　버려진다

유리컵은 버려져 있다.
유리컵은 한없이 투명하다

# 재떨이 2

누가 와서 그들을 들여다보고 간 뒤, 그들의 꿈은
짓이겨진 몸만 재에 문질러진다. 뜨거웠던 몸들 자욱함도
없이
지금은 외로울 뿐, 그들 자신들도 그 자욱함의 뒤끝도
스스로를 들여다보인 후 떠나버렸다. 남은 것은 모두
버린 것들로서만 모여 모든 게 아득하게 내동댕이쳐질 뿐,
수풀과 물결 속을 달려와 그들의 뼈들은 끝내 아득히 사라
졌다.

누구지?우린왜이렇듯가볍고아득하기만해?언제나공허하
고외롭고달작지근하며그냥아득하기만해?끊임없이가벼운것
들스스로의속에서생겨나폴폴날고그것들속에결국은우리가묻
힐뿐?누구지우린?우린도대체뭐지?

플라스틱 재떨이의 아득한
속. 모든 것은 쓸쓸하게

끝났다. 아득하게,
모든 것은 처박힌 채
내동댕이쳐졌다. 몸들은 버려진 채
사라지는 마음들만 달려간다.
맹렬히 자기 몸에 불 붙이는
그곳은 어디?

# 3분 간

씻은 그릇을 헹구는데, 누가 죽은 것이
눈에 들어온다. 텔레비전을 덮는 비애 속
장의 행렬이 서서히 나아간다. 거룩한
죽음인 모양이다. 행주로 그릇들을 닦아
찬장에 챙기면서 그녀는 한 죽음이 장엄한 장식으로
아늑한 빛으로 덮이는 것을 힐끗 본다.
어린이 프로는 막 끝난 듯, 아들은 과자를 물고
안데르센을 읽고, 그녀는 탁자 가에 묻은 토마토
케첩을 닦아내면서 09 : 03의 숫자 아래서 아나운서가
하염없이 한 죽음에 대해 말하는 것을 나른히
본다. 된장 그릇을 찬장 속 간장 종지 곁에 조심스럽게 놓
을 때
누가 우는 소리가 들린다. 칼을 수돗물에 씻으며 보니
죽은 이의 딸이다. 09 : 04의 숫자가 그 여자의 풍성한
검은 머리칼 위로 찍힌다. 아들이 안데르센을
놓고 밖으로 나간다, 현관문을 열어놓은 채.

그녀는 숟가락들을 물에서 건져내어 마른행주로
닦으면서, 장의차를 장식한 것이 국화…… 국화, 꽃, 사이로
아이가 뛰어…… 아니…… 현관문을 지나 아들이, 뛰어가
는 것을
본다. 09 : 05의 숫자가 전신주가 팔을 벌린
시가지 위로 장의 행렬을 멀리한 채 찍힌다.
아나운서의 소리들이 시끄럽게 텔레비전 아래로
떨어져 재떨이에 쌓이고, 그녀는 남은 물을 하수구에
붓는다. 아들이 보이지 않는다. 그녀는 텔레비전
채널을 돌린다. 때맞춰 요리 강좌의 자막이
국화 꽃꽂이 위로 흐른다. 아들이
보이지 않는다.

# 김씨의 옆얼굴

은사시나뭇잎 그늘이 얼룩져
그의 얼굴은 어둡고 술 취한 듯하다.
육교 밑으로 휴지를 쓸어갈 때
발 밑을 구르는 신문지 조각을
때로 주워 읽는다. 길가, 인도와 차도를 가로지른
철제 난간에 앉아, 그는 먼지 속처럼 아득히
버마 사건의 그 후와 최근의 학원 사태를 느낀다.
그것들은 그의 코언저리를 붉게 하고
깊은 줄이 팬 이마를 불룩거리게 한다.

청소가 끝날 때쯤, 그의 귀언저리 털에서
이 거리의 마지막 먼지가 부스스 떨어진다.
중앙로의 오늘 그가 맡은 구간은 은사시나무 길,
비와 바람과 불빛과 사람들이 자주 흐르는.
50이 넘어서면서 자꾸 허리가 결리고,
그는 목뼈를 주먹으로 자주 두드린다.

신문엔 안 났지만, 레이건이 중공을 방문하기 직전에 그랬
을 것처럼,
때로 그는 자, 신나는 일이 있을 거야 하고 중얼거린다.
그걸 위해 그의 눈길이 자식들의 얼굴처럼 생긴
노변의 햇수박 쪽으로도 자주 간다.
은사시나뭇잎 그늘이 거기에도 얼룩져 있다.

육교 옆, 미도 백화점의 셔터가 올라가자
큰 유리창에 이내 김씨의 빈 얼굴이 비친다.
때로 밝게 때로 어둡게 때로 앞모습만
그 숙인 얼굴이 하루종일 유리창에
맑은 유리창 속 아름다운 온갖 상품들 위에
비친다. 밤 11시 철제 셔터가 내려진 후에도
그의 얼굴이 철제 셔터의 위에 완강하게
비친다. 어둡게 또는 새하얗게. 헌 신문지 같은,
또는 은사시나뭇잎 같은, 또는 아무것도 비추지 않는
철제 셔터 같은 얼굴이 거기에 있다.

# 나른한 현장

분홍빛 스타킹이. 한 켤레. 구겨진 채
길게 놓여 있다. 초록의 융단 위에.
그것들은 금방이라도 어디론가 떠오를 듯.
검은 숄이 그 밑에 놓이고. 따스한 기운 속
그녀의 연약한 목덜미의 기억을 드러낸다.
스타킹의 발치에는. 마룻바닥에 누운 여자의
벌거벗은 하체를 찍은 흑백 사진이 한 장.
던져져 있다. 사타구니의 검은 숲은
늘 스타킹 속 장미 팬티 안에서 젖어 있던.
그녀의 가랑이의 어둠을 보여준다. 그 아래
흑갈색의 무늬 아로새겨진 빗이. 놓여 있다.
이 모든 것은 그녀의 것. 그러나 이것들
속에 그녀는 없다. 이 정물의 풍경 속. 나른한
초록의 융단 위에 그녀는 찍히지 않았다.
그녀는 이것들을 벗어놓고
어디로 갔나?

# 강변 유원지 1

강물에 반쯤 몸 담그고, 사이다병은
주둥이 속으로 속의 작고 깊은 하늘을
내보인다. 햇빛 속에서, 병 속의 물과
강물은 같이 썩는다. 물결이 뜨거운 모래를 적시며
기어올라 깡통 하나를 물 밖으로 밀어낸다.
붉은 녹물을 흘리며, 깡통에는 몇 개의 이지러진
글자와 숫자가 지워지고 있다. 사랑의
표시일까, 그것을 이젠 해독할 수 없다.

엉겅퀴꽃 그늘에 숨어들던 눈을 치뜨고
여자는 발로 모래를 헤집으면서,
강가에 선 남자의 맨발을 눈부시게
바라본다. 남자 양말 구겨져 던져진 모래밭 위,
여자의 그림자가 짧게 흔들린다. 햇빛 속에서
남자의 발 밑에서 강물은 뒤척인다. 아지
랑이로 뜨거움은 피어오르고.

대여섯 명의 남녀의 웃음이 어우러져
피어오르는 술집. 탁자 밑으로 구두와 하이힐은
부딪치고 여자들의 스타킹은 구겨진다.
소주와 사이다와 콜라 사이를 지글대며
솟아오르는 돼지고기 구이 연기 속으로 마릴린
몬로의 젖은 거대한 입술이 보인다. 낙서로 얼룩진
입술은 찢어져, 그 구멍 속으로 먼지 낀 유리창 밖
두 남녀가 모래의 아지랑이 속에서 흔들리며
맨발로 만나는 것이 보인다. 그들의 가슴을 지나
싸구려 여인숙이 보이고, 강물의 더러운 깊이 속,
어딘가에서 새어나오는 혼곤한 신음 소리가
들린다.

# 여름 휴가


사람들은 바삐 세돌씨의 곁을 스쳐서,
건물 사이로 창 너머로 보이는 초록의 들판을 지나
산으로 올라가버린다. 코카콜라와 꽁치 통조림,
껌과 커피와 양주와 보리빵 덩어리들을
버너와 담배와 함께 며칠을 골몰하여 준비하고.


세돌씨는 남은 사람. 남은 사람들은
또 고고나 로큰롤 음악 속으로 자지러들고,
지나가는 여자들의 엉덩이나 훔쳐보며,
공중 변소에서 수음을 한다.
어느 여자이든지 사랑을 줄 수 있지,
남은 사람은 남은 사람들끼리 또 무언가를 남기며.


　　봉숭아꽃있지요?몰라요?빨간색이에요저녁에도피
지요
　　그걸로꽃물을들여봤어요꽃은고향집에서따왔고

백반은어느약국에서든팔거든요피임약과함께
예쁘죠?고향집엔없는꽃이없어요나는
일찍집떠나와선버린몸이지만


피임약과 함께
황혼이 온다. 세돌씨는 여자의 더러운 손톱을
깨물면서 작은 여우처럼 으르렁거린다.
폭우가 또 퍼붓고, 태풍 세실 양의 치맛자락이
누추한 여관의 창을 휘감는다.


태풍은 도시를 흔들고,
모든 것은 너무 빨리 끝난다. 비가 멎자 곧바로
하수구로 몰려 순식간에 빠져나가버리는 물들.
여자는 서둘러 사라져버리고, 남은 세돌씨는
무엇이 자기에게 남겨졌는지도 모른 채,

무료하게 백화점 쇼 윈도에 비친 자신의 모습을
들여다본다. 캄캄하게 어른거리는 자신의 모습 너머
많은 여자들의 스타킹들이 보인다. 유리 속에 진열된 채,
그것들은 곧 걸어갈 자세를 취하고 있다.
스타킹 너머에는 어둡고, 거기에서도 암내를 좇는
털짐승들이 으르렁거리는 게 보인다.
그 뒤로, 산을 내려와, 폭우를 피해
도시로 돌아오는 사람들의 풀죽은 뒷모습도
얼핏, 보인다.

# 우주선

저녁을 먹고, 세일즈맨 김모돌씨는 텔레비전을
켠다. 광막한 우주 속으로 게으르게, 또는 비현실적으로
흰 쇳덩이가 유영하는 게 보인다. 고요하게
달 또는 지구를 배경으로 인공위성은 반짝이며
서서히 나아간다. 김모돌씨는 재채기를 참으며,
화면 속으로 비처럼 내리는 어둠을 또 그 밑의 빛이
떠받치는 것을 본다. 빛이 중요해, 그는
중얼거린다. 세상은 빛으로만 떠오르고, 우주 속으로
외롭고 암담한 빛깔이 흘러간다. 그의 장부 속
붉고 푸른 줄 위로 흐르던 볼펜의 끝이 반짝인다.
그는 볼펜 심을 바꾸어 끼면서 그 밑 어두운 손바닥 위로
흐르는 흐린 빛에 자신이 문득 휩싸임을 느낀다.

저 지구 속에도 나와 내 집이 있을까, 그는 자세히
텔레비전을 들여다본다. 그의 집은 후미진
빌딩 사이에 있어, 텔레비전 화면이 고르지 못해

우주 속의 지구가 잘 안 보인다. 그의 텔레비전 안테나 끝은
아슴푸레 녹슬어 하늘 높은 곳으로 녹들을 날리고,
젖은 날은 녹물이 그의 지붕에도 흘러내린다.
밤에는 이슬 속으로 녹물이 엉켜 별빛이 그 속에서
빛난다. 그가 낯선 집을 방문하여 새로운 상품을 소개하고
거짓말을 하고 야비하게 설득할 때도, 그의 집은 고요하고
외롭게 텔레비전 안테나 끝에서부터
삭아내린다.

토요일이거나 일요일 저녁이거나 요즈음은
자주 우주선의 창이 텔레비전에 비친다.
그가 장부와 카탈로그를 껴안고 골목을 기웃거릴 때,
때때로 힐끔거리는 하늘에는 많은 안테나들이
보인다. 그것들은 새로 섰거나 헐어서 폐기 직전이거나
한결같이 하늘 쪽의 끝이 녹슬어 하늘 깊숙이
녹물을 흘려보낸다. 우주는 녹물을 타고 외롭게

선을 따라들어 김모돌씨의 안방에서 펼쳐진다.
그는 우주 속에서 벗어나 텔레비전 밖에
누워 있다. 그는 다만 볼 수 있을 뿐이다. 하나님도
민주주의도 자유도 혁명도 그의 집 대문이 아니라
텔레비전 안테나를 통해 그의 방에 들어온다.
그는 다만 볼 수 있을 뿐이다. 그는 다만 볼 수 있을
뿐만 아니라, 여차하면 텔레비전을 꺼버릴 수도 있다.

그 일만은 누구보다도 당당하게 해낼 수 있다.
담배를 피우는 김모돌씨의 게으른 연기 속으로
우주선도 안테나가 붉게 녹슬어 어둠 속으로
무엇인가가 어슴푸레 녹아내리는 게 보인다.
그리고 그 다음, 그 녹물 속으로 새로운 쇳덩이의 싹이
솟아오르는 것이 보인다. 저런, 저런, 김모돌씨는
마른침을 삼킨다. 그것은 무서운 광경이다.

# 교통 사고

차가, 달려온다. 그의 몸은, 멈칫,
솟구치고, 순간, 모든 시선을 팽개치며,
내동댕이쳐진다. 그의 팔은 꺾이고,
찢어진 채, 나부끼는 옷조각들, 화학 섬유 가벼이
무늬를 흩으며 난다. 급한 브레이크로
뜨겁게 정지한 채 멍해진 바퀴 밑,
몇 개의 돌들은 튀어오르며, 긴장된
그의 가슴을 쥐어박는다. 젠장, 신, 세, 조졌군, 하고
운전사가 투덜거릴 때, 그의 구두는 황급히
하수구로 뛰어들고, 그의 반짝이는
단추들이 사방으로 흩어지면서, 급히
차들을 세운다. 그의 주민등록증은 무표정한
얼굴 하나를 경찰관의 발 앞에, 내동댕이
친다. 경찰관은 갑자기 분노해서, 그를 노려보면서,
차를 걷어찬다. 부서진 유리창 속에 경찰관의
얼굴이 어둡게 비친다. 사람들은, 웅성대며,

그의 얼굴을 보기를 원하지만, 그의 얼굴은
이미 유리창을 떠나 부서졌고,
경찰관은 호각을 불어, 그의 죽음을,
확인한다. 그의 피는 부서진 차의 기름과
녹물에 엉기면서, 고즈넉이, 또는 급히,
땅속으로 스며든다, 경찰관도 그도
아무도 모르게.

그가 실려서 어디론가 떠난 후,
도로 인부는 그의 피부터 흙으로 덮는다.
크레인으로 들어올려져 차도 떠나고,
사람들도 흩어진 후, 비로소 인부는 담배를 피워 물며,
지나가는 차들을 향해 손을 흔든다. 길에서
주운 몇 개의 단추는 먼지와 흙을 닦은 후
얼른 주머니에 챙긴다. 하수구에서 주운
두 쪽의 구두를 인부는 제 신과 바꿔

신는다. 푸른 유리 조각이 인부의 빗자루에 쓸려
길가 풀덤불 속에 버려질 때, 아무도 보지 못하게
핏물이 유리에 묻어 급히 흙 속으로
숨는다. 향기로운 풀잎 그윽한 오월의 정오를
인부는 나른히 그곳을 곧 떠나간다.

# 죽은 아기를 새내에 띄우며

새내 물가에서 이별하고, 자갈밭 버석거리며
돌아와 그녀는 버석거리며 스타킹을 벗는다.
냇물은 소리없이 이 도시의 중심을 흘러
내린다, 내동댕이쳐진 스타킹처럼 구겨진 채.
루즈와 마스카라를 지우고 그녀는 거울 앞에서
비로소 흐려지는 눈앞을 본다.

그 남자는 말없이 담배만 피웠었다. 모든 남자가 다 그랬
다. 괜히 여뀌풀을 발로 문지르다가 장난치듯 어둠 속으로
그녀의 몸도 더듬고 담뱃불을 던진 다음 가버렸다. 그녀는
빠알간 불덩이 하나가 허공을 날아가 흐르는 물 위에 떨어지
는 것을 보았다. 더러운 물. 그러나 밤엔 도시의 불빛으로 아
름다웠다.

그녀는 짜증을 내며, 젖은 넓적다리를 포개고
몸을 구부린 채 잠든다. 그녀의 브래지어는

탁자 가에 내던져져 탁자에 새겨진 석류꽃을
덮는다. 땀과 풀물이 밴 스타킹엔
검은 모래알도 묻어 반짝인다.
그녀는 잠을 자면서도 때때로 흐느낀다.
이부자리 위엔 아무렇게나 펼쳐진
여성 잡지. 그 속엔 아름다운 스타킹만으로
서 있는 노랑머리 아가씨가 요염하게 웃는다.

그녀는 성도 모르는 아기를
사산한다. 어두운 밤 그녀는 아무도 몰래
죽은 아기를 새내에 띄워보낸다. 잘 가라 아가야
잘도 가는구나 잘도 가버려라 이 강가에
더러운 여뀌풀 돋아나는 봄을
더는 기다리지 않으련다 아가야
안녕

# 애인들은 쪽, 쪽, 소리를 낸다

바다다슬기들은 민물에 삶아진 몸들을
바닷가 플라스틱 함지박에 누인다. 노란
타월을 쓴 아낙네는 밤새 바다다슬기들의 꽁무니를
뻰치로 절단했다. 사랑하는 남녀가
바다다슬기 한 봉지를 3백 원에 사선
다정하게 마주보며 먹기 시작한다.
다슬기의 앞쪽을 쪽, 쪽, 소리내어 빨면
다슬기의 속이 살덩이째로 입 안에 톡, 떨어진다.
여자는 처음엔 부끄러워했지만 이내 요령이 생겨
때로는 쪽, 한 번으로도 다슬기의 몸을
집어낸다. 바다는 흰 물거품을
모래 위로 굴리고.

사내는 쪽, 쪽, 소리를 내는 여자를
사랑한다.·바다는 흰 물거품을 모래 위로 굴리고,
남자는 저쪽, 싸구려 해안 여인숙의 창에 서 있는

아름다운 아가씨도 쪽, 쪽, 소리를 내고 있는 것을
본다. 쪽, 쪽, 소리를 내며, 여자는
승용차를 내려 20대의 타이피스트를 껴안다시피
바다다슬기를 안기는 40대 남자의 살찐 가랑이를
본다. 바다는 흰 물거품을
모래 위에 굴리고.

그리고 바다는 끊임없이 흰 물거품을
모래 위로 굴리고, 2월의 부산 부두는 다슬기의 껍질만
쌓인다. 3백 원 또는 6백 원 어치의 껍질들만 남겨두고
애인들은 가버리고, 모래 속으로 바다를 느끼면서
껍질들은 구멍 뚫린 몸들을 모래로 채운다. 노란
타월을 쓴 아낙네는 껍질들 위에 앉아
옛 애인의 쪽, 쪽, 하던 소리를 물거품 위로
듣는다, 쪽, 쪽, 소리를 내며, 아낙네는 주름진
입술 사이로 하염없이 쪽, 쪽, 소리를 내며. 바다는

흰 물거품을 모래 위로 굴리고.

바다다슬기를 먹는 자는 누구나 쪽, 쪽,
소리를 내며, 모래 위를 구르는 흰 물거품을
이해한다. 누구든 흰 물거품 속에선 흰 물거품으로 밀리며
2월, 애인들은 어디서든 쪽, 쪽,
소리를 낸다.

# 1980년 11월 25일

오래된 건물의 문이 닫혔다. 우리는 문 밖에 서서
한 사내의 울음이 문 안에서 터지는 소리에
막막해진다. 반투명 빗살무늬의 유리 바깥에
흑회색의 철판으로 중세의 장방형 문양을 새겨 짠 문은
도시의 하늘을 빗살처럼 훑고, 흐린, 그 사내의 울음을
막연하게 문틈으로 흘려 내보낸다. 그 사내는
늘 늠름했던 이 건물의 주인, 우리의 사장이다.

인부 김씨가 문을 삐쭘히 열고 건물 안의 먼지와
휴지들을 쓸어낸다. 잉크 냄새 풍기며 우리의 발 앞에
마지막 날짜를 찍은 신문지 조각이 쌓인다.
신문지의 톱 기사는 찢긴 채, 고별사 아래로
윤전기가 '안녕히!'를 토해내는 사진이 흐릿하게
보인다. 우리는 휴지처럼 구겨진 채
또 한 번 문 밖으로 내동댕이쳐지고, 흐릿하게
우리는 건물이 침묵으로 서서, 다시 한 울음을

삼키는 것을 묵묵히 볼 뿐.

우리는 돌아선다. 거리는 차들이 매캐한 연기를 내며
달리고 사람들이 술집에 쏟아져 들어간다. 우리는
묵묵하게 그 속에 섞인다. 살아온 삶의 역정도
새로운 생계의 걱정도 달작지근한 꿈도 갑자기 막연해지고
우리는 어떤 힘에 막연히 떠밀리며 새로운 건물 안의
새 주인 앞에 세워질 것이다. 세찬 바람이 우리를 후려치고
우리는 울음이 터지려는 걸 억지로 참으며 막연히, 막연하게
막연히 떠들고 태연한 척한다. 누구든 함부로
울 수는 없다. 거대한, 정체 모를 그 힘이 우리의 가슴까지
빗장을 지를지도 모른다. 숨죽이며
우리가 문득 뒤돌아보니, 저만큼
한 울음을 담은 건물에 빗장을 지르며
인부 김씨가 망치로 못을 치며 작은 털짐승처럼
캄캄하게 문에 매달려 있는 게 눈에 들어온다.

# 아메리카

독한 불의 밤을 지나 재의 새벽,
빈 양주병 곁에서 잠이 깬다. 미스 빼주는
헝클어진 머리칼을 미국식으로 쓰윽,
쓸어올린다. 화장이 군데군데 지워져
그녀의 눈 위에는 푸른 그늘이 얼룩져 있다.
하품이 술기와 구역질과 욕지거리의 입으로
새어나온다. 『타임』지엔 중동쯤에서 대량 학살이 있었음을
사진으로 보여주고, 사진 아랜 색정 넘치는
여인의 분홍빛 침실의 화장품 광고. 마른 포와
땅콩 껍질이 피와 먼지 뒤엉킨 주검들 위에
흩어져 있다. 브라운인지 브라본지가 있었던
자리엔 몇 장의 지폐, 노란 휴지와 함께
구겨져 있다. 그녀는 문득 벽의 거울을 발견하곤
그쪽으로 웃는다. 『타임』지의 광고 속
아름다운 여자처럼.

잠시꿈꾸는거지곧정신차리면그만이지누가알기나해?미국
놈들은한국년들을좋아하니까우린비싸지않거든난몸이그들과
늘깊이닿아있지그러니까난누구보다도미국을잘이해하지정말
이지난그들의애인이니까


그녀는 잘난 미군이나 하나 잘 낚아
한탕할 날을 꿈꾼다. 잘 하면 미국행 비행기도
탈 수 있을 거야. 그 꿈이 담배를 피워 물게 한다.
깡통맥주와 알약과 시끌한 축제를 위해,
그녀는 세수를 하고 투명한 스타킹 속에
희멀건 다리를 찔러넣는다. 토요일 오후,
미스 빼주는 길 건너 소리사에서 흘러나오는
유행가 가락에 맞춰 껌을 씹으며, 미 팔군 후문의
담장 사이로, 전혀 새로운 세계를 드러내듯이
미끈한 허리를 슬쩍 열어보인다.

# 세 사내

대구 변두리, 토지 구획 정리 작업장의 한구석,
세 사내가 불을 쬐고 있다.
서리의 한끝, 날카로운 마른 풀들 부서진 길가에서
판자 조각들은 붉은 불길 솟구치며 타오른다.
기침이 한 사내를 폭풍 속 전나무처럼 흐트러놓는다.
또 한 기침은, 자신이 키운 낯익은 둔덕 쪽으로 번지는
불을 발끝으로 지우는 또 한 사내를 빈 깡통처럼 굴린다.
그리고 또 한 사내는 말없이
분할된 들판길을 건너오는 찬바람 앞에
고개 수그린다, 불꽃 이글거리는
눈만 차갑게 치켜뜬 채.

# 개기월식

실내의 사물들이 바깥의 어둠에 대해
뭘 느끼고 있다. 창가에 세워둔 유리컵이
우주적으로 호젓하다. 하필 우주적일까,
우주와 컵이 무슨 상관 있다고, 서류에서 몸을 떼며
그는 커피에도 지친 얼굴을 한다. 삐걱 하고
의자가 소리친다. 나사가 완전히 조이지 않았군,
그는 의자를 증오한다.

창가의 유리컵이, 우주적으로,
질려 있다. 달은 창밖, 빌딩의 저 아래서
조금씩 어둠에 먹히고 있다. 월식은
단순한 자연 현상일 뿐이지, 그는 다시 서류에
몰두한다. 스탠드의 불을 몇 개 더 켜고
그는 제라늄처럼 파르스름하게, 또는 진홍빛으로 웃는다.
그에겐 삐걱대는 의자가 증오스러운 것일 뿐,
서류와 빌딩과 맑은 창을 사랑한다.

신문은 오늘밤의 개기월식이 20년 만의 일이라고
한다. 빌딩의 창을 통해 제라늄 화분 곁에서
달을 보는 것은 아름다운 일이야, 그는
자연을 사랑하는 법을 알고 있다.

창가의 유리컵에 담긴 물이 갑자기
어두워진다. 남은 형광등을 마저 켤 때
갑자기 유리컵의 물이 출렁,
했다고 그는 느낀다. 달이 완전히 어둠 속에 들자,
빌딩 아래 골목에서 두 남녀가 포옹하는 것이
얼핏 보인다. 그는 주변의 사물들에게도 떨어져
지금까지 홀로 있었다는 것을 느끼고는 짜증을 낸다.
나. 는. 혼. 자. 이. 다, 그는 갑자기 수줍음과
외로움과 공포를 느낀다. 서둘러 서류를 덮고,
혹시 올지도 모를 정전을 겁내며,
빌딩을 벗어나려고 일어선다. 갑자기

달이 모습을 보이고, 당황한 그가 의자를 넘어뜨릴 때,
의자 소리 아득히 떨어지는 빌딩 아래
골목의 연인들이 유리컵의 물처럼
수줍게 엎질러지는 것이 환하게 보인다.

# 엘리베이터로 내려가다

개새끼, 텅 비어 속엔 양주와 거짓말만
남았을 뿐인 놈, 그녀는 머리칼을 쓸어올리면서
빗질을 한다. 물컵에 꽂혀 창밖을 내다보는 노오란
시든 개나리꽃. 그녀는 치마의 주름을 펴면서, 구름처럼,
그녀의 담배 연기가 도시의 하늘 위에 흩어지는 걸 본다.
쾌청의
어질머리 때문에 그녀는 루즈를 잘못 그린다. 다시 빨갛게
입술을 그리면서, 그녀는 휘파람을 분다. 입술을 오므리며
구름이 한 조각 창밖을 날아간다. 그녀는 어젯밤 웬 남자와
둘이서 십일층의 이 방에 들어왔다. 그녀는 이제
혼자 남았다, 빈 술병처럼.

엘리베이터는 올라온다. 그녀는 노란 불 앞에서
불 켜지는 숫자를 쳐다보며, 쇠의 강인한 질주 소리를
듣는다. 알루미늄 재떨이의 지저분한 모래 속에
그녀는 남은 담배꽁초를 꽂는다. 간밤 남자는 술병처럼

그녀를 안고 십일층을 올라와 노란 개나리꽃 밑에
그녀를 뉘었다. 지랄 같은 꿈의 봄밤.
그러나 남자가 가버렸을 때 그녀는 치마만 조금
구겨졌을 뿐. 엘리베이터의 문이 열리고
그녀는 그 속으로 빨려든다. 하강의 노란 불이
켜졌다 꺼지면서 층마다 문이 열리고, 낯선 사람들이 들어와
그녀를 에워싼다. 그들은 침묵만으로 일층으로 내려가
나가버린다. 그뿐, 그녀는 거리로 나와
힐끔 십일층을 한 번 올려다봤을 뿐.

## 동물 도감

그가 기르던 너구리가 튀었다, 간밤
플라스틱의 쭈그러진 구멍을 통하여. 한때의
그의 집안 내력을 훔쳐서 너구리는 빌딩의 숲을 지나
달아나버렸다. 아무에게도 들키지 않게
그의 기침 아래로 난 매캐한 수은의 길도 주저 않고.
너구리는 무사히 이 도시를 빠져나갔을까, 젠장, 절망적인
그리움이 그를 저녁이면 문 밖에다 세웠다.

아침에 출근하면서, 세일즈맨 박씨는
주위가 허전해졌다. 그가 너구리 따위를 키우려 들다니,
터무니없는 짓이었다. 어쨌든 그날 밤에 도둑맞은 그의 삶이
그의 출근길을 빠져나가 새로운 길을 이루고 있음을
알아버렸다. 그는 동물 도감을 낯선 집에 월부로 떠맡기면서
이따금 도시 밖으로 파란 빛깔이 깡충대며 산을 오르는 것을
힐끔거렸다. 제기랄, 지랄 같은 그리움의
봄.

우리 낯선 사람들

우리 낯선 사람들

# 밖

문을 열면
어떤 길이 어떤 어두운 밝음이
어떤 미로가
나를 이끌 것인가

나는 내다본다
속에서 어둠의 뇌성은 치고

나가고 싶다
초록의 문을 열고 싶다 나는
또 나가고 싶잖은 마음이 인다
또는 잠시 나가 패랭이꽃을 캐서
화분에 심어보고 싶다
이 위태로운 어질어질함

누가, 바깥에서 문고리를 만진다

……밖에서…… 누가
내 방의 어두운 창유리를 닦는다

# 안 1

구석진 내 넋의
차고 빛나는 유리 덮개를 닦으면
꿈인가 강 저편 언덕의 푸른 풀춤이 보인다
사람들이 모여 내지르는 함성의 몸짓일까
강물엔 햇빛 들끓고
끊임없이 흐르며 사방에서 누가
나를 부르고 부르고

그러나 나는 다만 은밀히 내다보며
나의 춤을 휘장 속에 숨기며
또 내다볼 뿐
유리창 안으로
내 말과 춤을 어둠에 문지를 뿐

# 상처 1

대구시 상공을 가로지르는
날개가 큰, 까치 같고 어치 같은
검은 새 한 마리.

대구은행 옥상에나
동아백화점의 맨 끝층 계단에
앉으리라 기대하진 않았지만,
그것들 위에 새의 그림자가 찍히고
그때 빌딩들은 뼈마디 쑤시는 소리를 낸다.
창에는 사람 그림자들이 어른거리고.

나의 길은 도시에서 도시로 이어지지만
저 새의 길은 숲에서 숲으로 이어진다.

하늘이 조금 비친 빌딩의 위쪽으로는
파란색이 창백하게 그물에 걸린 새처럼

퍼덕이고, 그쪽으로 누군가가
가슴에 통증을 느낀다.
물론, 내게도 가슴에
새가 지나간 자국이 만져진다.

# 그는 언제나 광고지를 펴든다

그는 언제나 광고지를 펴든다
또는 신문을 읽는다 또는
잡지를 본다

엉성한 망으로 쇠줄을 얽어 만든 현대식 의자에 앉아
그는 다리를 왼쪽으로 꼰 채 광고지를
펴든다 또는 신문을 본다
또는 잡지를 읽는다
그는 늘 그러하다
그 자신의 뿌리가 망에 얽어매인 듯하다

그의 앞엔 망으로 엉성하게 쇠줄을 얽어 만든
또 다른 빈 의자가 놓여 있다
덫이라도 놓아둔 것일까 아니면
눈에 보이지 않는 그의 친구가 거기 앉았을까

산과 바다 펼쳐진 풍경 사진들이 그의 뒷벽에 핀으로 꽂혀
있고
그 한쪽 핀 끝에서 쇠고리줄이 바닥에까지 드리워져
그의 뒷그림자를 휘감는다
그래도 그는 앉아서 광고지를 펴든다
또는 신문을 읽는다 또는
잡지를 본다

누구일까 어떻게 생겼을까 살피려 해도
광고지와 신문지와 잡지의 그늘 때문에
그의 얼굴이 보이지 않는다

# 그의 구두는 검다

그의 구두는 검다
구두 너머 아스팔트 위로 달리는
차의 갈색 차체에 일요일 오후의 거리가 비친다
그의 검은 구두도 거기에 잠깐 비친다

그의 구두는 검다
구두 곁 아스팔트 위로 달리는 차의
푸른 차체의 표면에 일요일 오후의 거리가 비친다
그의 검은 구두도 거기에 잠깐 비친다

사람들의 얼굴들 아래 그의 구두는 검다
이 아래, 구두 쪽에 시선을 두면
사람들의 얼굴은 보이지도 생각나지도 않는다
감정도 그렇다


계속해서 온갖 색깔의 차들은 그의 구두를 지나가고

그의 검은 구두엔 차바퀴들이 비친다

그의 구두는 일요일 오후의 모든 것들이
최루탄으로 매캐하게 젖어 있는 거리를 따라
고운 함성들의 얼굴들 잦아진 시끄러움 속을
무심한 구두들 속을 검게
무심하게 계속 걸어간다

# 유리 속의 폭풍


구름이 푸른 갈기를 휘날리면서 전신주를 꺾는다.
흰 기둥들은 꺾인 채 완강하게 서 있고,
전선들은 끊어진 채 전신주와 구름 사이를 토막토막 잇고
있다.
그 아래 어두운 건물들의 덩어리가 뭉쳐진 채 솟아오른다.

신호등 아래서, 솟아오르는 은사시나무의 윗가지 너머
푸른 신호등이 건너편 인도 위로 켜지길 기다린다.
푸르고 노란, 또는  남빛의, 검은 차들은
은사시나무 새로 솟는 윗가지 위로 솟아오르는 소리만 뒤
섞으며
나의 앞을 어지럽게, 어디론가 내가 가야 할 곳으로
또는 결코 가볼 수 없는 곳으로
또는 그런 곳들로부터 와선 또 어디론가로 가버린다.
나는 기다려야 한다. 푸른 신호등이 켜질 때까지는 어쩔
수 없이

길 건너 온통 거울로 벽을 바른 금융회사 육층 건물의
거울 속에 비쳐 있어야 한다. 폭풍의 구름 아래
솟아오르는 어두운 건물들의 덩어리 아래
너무 어두워 이쪽에선 보이지 않지만
나는 조그만 덩어리로 비쳐 있어야 한다.

구름의 갈기가 뒤섞이면서 전신주가 꺾인다.
심상치 않은 폭풍이 오려나보다.
내가 길을 건너갈 때에도 솟아오르는 어두운 건물의 덩어
리 아래로
나는 보이지 않고 검기만 한 그 속에
푸른 신호등만이 켜져 있다.
푸른 신호등 아래 은사시나무 가로수와 나는 안 보인다.
다만 빨리 건너가야 할 뿐이다. 건너가서 재빨리
저 유리를 빠져나가야 할 뿐이다.
나는 그 속에 없는 거나 마찬가지다.

내 눈에 내가 안 보였으니까. 그리고 나는
모든 것을 휘젓는 폭풍을 그 속에서 보았으니까.

# 나는 망가진

나는 망가진 풍경이다 언제나
지난밤의 어둠이 남아 있는 구석을
내 몸과 방에 갖고 있다
나는, 내다보는
갇힌 풍경이다 나는,
끝난 풍경이다 나는,
차갑게 반영하는, 투명한,
풍경이다 누가, 들여다본다
나는, 풍경이 아니다 바깥을 향한
뜨거운 눈이다

# 초록의 길


때때로 가벼운 주검이
아주 가까운 데서 만져지는 수가 있다.
11월의 오후, 차고 마른 풀잎들이 모여 있는
도시 변두리 또는 도심의 공터의
푸른빛이 먼지와 함께 흩어지는 곳에서.


방아깨비 한 마리를 내가 사는 아파트의 빈터에서 서성대
다 발견했다. 아이들의 노랫소리 가까이 그 주검은 아무도
몰래 버려져 있었다. 바랭이풀의 마른 잎 사이에서 서걱이는
것을, 처음에 나는 빈터 멀리서 날아온 은사시나무 가로수의
마른 잎인 줄 알았다. 그것은 속날개였다. 바깥을 덮었던 초
록 외피의 튼튼한 겉날개는 떨어져나가고, 속날개는 끝이 찢
긴 채 몸체에 겨우 붙어 바람에 미세하게 흔들렸다. 흡사 죽
어간 방아깨비의 몸을 떠나, 방아깨비의 초록 영혼을 이 도
시의 하늘 위로 날리려는 것처럼. 통통했던, 미세한 물결무
늬로 마디를 이루었던 배는 벌레에게 뜯겨나가, 속이 비어

있었다. 머리 역시 반쯤 뜯겨나가, 속이 비어 있었다. 껍질뿐
인 몸으로 바람에 조금씩 날개 파닥이며 닳아갔다. 우리가
사는 도시의 밑바닥에는 칼날의 바람이 끊임없이 불어댔다.
나는 풀밭을 계속 걸어다녔다. 잠시 후 풀숲 아래서 풀무치
의 주검을 보았다. 이어서 여치와 잠자리의 주검들을 보았
다. 그러나 이 주검들 앞에서 애통해할 까닭은 없다.

가난하게 떨어져 땅에 눕는
내 시간의 따스한 집이여 주검이여
살아 있던 날들의 모든 기억을 고마워하며
우리 함께 여기에 눕느니
내 존재의 끝이자 시작인 너의 가슴에
지금 고요히 누워 있으니

풀무치와 방아깨비, 여치, 잠자리 들은 그들의 빛나는 날
개로 여름을 분주히 날았고, 어쩌다 이곳까지 왔었고, 죽을

때가 되어서 죽은 것이다. 그 이상은 아무것도 아니다. 다만 이 아파트의 가까운 이웃이 죽었을 때, 애통해하는 가족들의 울음 속으로 여치 울음이 끊임없이 들렸음을 나는 슬퍼한다. 죽은 이는 밧줄에 묶여 지상에 내려가 장의차를 타고 도심을 빠져나갔다, 이 도시와 산을 눈물로 이은 길을 만들면서. 또 나는, 사랑하는 이를 그릴 때 풀벌레의 울음을 끊임없이 들어야 하는 길고 고적한 밤도 보냈다. 내가 발견한 풀벌레의 주검들은 그때 내 영혼을 흔들던 그것들이었으리라. 지금은 모든 풀벌레 소리도 끊기고, 밤은 너무나 고요하다. 모든 풀벌레들의 울음은 죽었다. 그러나 나는 그것들 하나하나가 온 길을 비로소 찾아나설 마음이 인다. 풀무치는 초록의 길을 따라, 산이나 들에서 이 도시의 깊은 곳으로 왔다. 처음엔 들판에서 쉽게 이어진 초록의 길이 도시 변두리의 빈터로 이어졌으리라. 그 다음엔 우리가 모르는 풀에서 풀로 이어진 길이 풀무치를 미세하게 이끌었으리라. 그렇다, 이 도심의 회색 콘크리트의 세계에도 자세히 보면——풀무치의 눈으로 보

면—들과 산으로 이어진 초록의 길이 있다. 아무도 찾으려
하지 않는 그런 신비한 길이. 단순하게 자연이라 단정지을
수는 없지만 우리 삶 속에는 그렇게 열린 길이 있다.

# 아무도 탐내지 않는다

사기 재떨이에서 솟는 실연기가
휴지와 잡지를 훑은 다음 유리창을 부빈다.
여자의 진홍색 뺨이 유리창에 어려
푸른 빈 화병과 함께 창밖에 내동댕이쳐져 있다.
반쯤 탄 담배 끝에 묻은 감빛 루즈.
아무도 그걸 더 탐내지 않는다.
여자는 흰 시트로 하체를 감고
빈 화병처럼 멍하니 입을 벌리고 있다.
남자는 여자의 열린 입과 담배 연기 속에 몸을 숨긴 채
다른 쪽을 응시하고 있다.
아무도 그곳을 알 수 없다.

# 야외 소풍 1
—숨은 길

도로 표지판의 화살표 방향으로만
달리는 길

도로 표지판의 화살표를 따라
불빛 속 벗어나지 않은 채 달리며
나는 화살표가 비켜가는 숲의
캄캄한 안을 힐끔거린다

갑작스레 비치는 헤드라이트에
망연자실해진 나무들 아래
감춰져 있던 흰 길들 소리치며
어둠 속으로 숨어드는 게 보인다

빌딩 숲 밑에서 모든 길들로
욕망을 열어두고 잠든 거지처럼
저 숲길로 자못 숨어드는 마음의
화살표는 어디?

# 야외 소풍 2

—칡


소나무는 죽는다
도시에서 뻗어나온 길들이 칡넝쿨처럼
감고 올라와 전신이 어두워져서
더 이상 바깥이 없어졌기 때문이다

칡뿌리를 캐다가 나의 마음이
그 뿌리에 걸려 죽은 나무 베어넘긴 골짝으로
굴러떨어진다

# 야외 소풍 3
— 케이블카

산봉우리로 아득히
케이블카에 실려서 오른다

불의 길은 쉿소리로 흐르고
누가 그 굉음에 맞춰 흥얼거린다

저 아래 숲은 어둠을 덮은 채
더욱더 산을 감추려 들고

얏호! 소리가
자연스럽지 못하다.

# 야외 소풍 4
―짐승


모닥불은
숲을 뒤져 찾아낸 주검들로 지핀다

우리는 그 불빛에 쪼여 빛나며 노래한다

어둠 속에서
스스로를 핥아 말리는 짐승의 마음이
불이 되고
재가 될 때까지

# 야외 소풍 5
―귀로


결국
삶은 돌아갈 것이다
어딘가
        거기
초록의 샘터에
빛 뿌리며 섰는 황금의 나무*
의 뒤쪽 켠을
돌면
        나타나는
대구의 골목으로


* 김춘수의 「죽음」.

# 또 다른 길

나는 일찍이 도시의 사랑을 다듬어 말했지만
지금은 자작나무 숲에 대해 쉽게 노래하련다.

자작나무 숲에 다녀왔거든.
가까이 와보렴. 나의 온몸에서
서걱이는 잎들과 그 바람 소리가 들리잖니?

너희들이 빌딩 속 그늘 깊은 아래
내려가 숨어 놀 때
나는 온통 자작나무 숲에 있었지.

숲은 컴컴하다고?
천만에. 자작나무 숲은 온통 희고 환했지.
너희들은 상상이나 하겠니?
그건 식물 도감에도 나오지 않는 사실이란다.

나는 자작나무 숲에 들어갔다 나왔지.
조금만 더 깊이 들어갔더라면 길을 잃어버렸으리라.
곰을 만나 따귀를 한 방 맞을 수도 있었겠지.
그랬다면 어찌 이곳에 와서 너흴 볼 수 있었겠니?
생각만 해도 끔찍스럽지?
허지만 그렇게 여기는 우리 마음이 더 끔찍한 거야.
너희들이 도시에서 시를 만들 때
자연은——자연스런 것은——자칫 끔찍스럽지.

알겠어? 너희들도 한번
그 숲에 들어갔다 나와보렴.
돌아오는 길을 찾지 못하면
또 다른 길을 만날 테니까.

# 마른 풀밭

술병 속 뜨겁게 소주는 반이 남았고
알미늄 도시락은 차게 비어 있다.
재 곁에 놓인 유리잔에
모닥불 가에 앉은 두 사내의 한기로 솟아오른 어두운 어깨
가 비친다.

한 사내는 스스로의 여윈 그림자를 향해
다른 한 사내는 메마른 턱뼈를 괸 채
마른 풀밭 위의 식사를 끝냈다.

일을 끝내 품삯도 받았으니
두 사내에겐, 마른 풀에 번지는 불을 끄고
도시로 되돌아가는 일만 남았다.

그러나 두 사람은
봄 오는 들녘 끝을 들쥐처럼 헤매는 꿈들을 좇아간

마음들을 미처 불러들이지 못해 불가에 앉아
불길에 어룽지며 마냥 흔들린다.

# 비진도

도시의 창처럼, 남자의 눈은
맑으나 속이 보이지 않는다.
그래도 지하철 공사장 쇠무더기 곁,
여자가 싸온 김밥을 선 채 먹어치운 젊은 인부는
은사시나무 아래로 서둘러 여자를 이끈다.
나뭇잎이 남자의 어깨를 푸르스름하니 흔든다.
나뭇잎처럼 떨며 여자의 입술이 열리고
한 순간 격렬해지는 남자의 어깨.
마치 남해 비진도 서로 맞닿은 두 섬이
험한 물결 속 햇빛의 천만 조각 위로 뒤척이며
서로 끌어당겨 기우뚱해지듯.

# 밖으로

창유리를 부수며 고개를 내민다
문득 다른 공기가 느껴진다
문을 밀면서 귀를 세운다
강물 소리, 사람들 두런대는 소리
내가 어둠 속에 숨은 건 그것들 향한 그리움 때문이니
그것들이 마침내 나를 이끌리라
어둠은 나를 밀어주리라 내가 키웠으니까
그렇다면 밝은 문은 어둠의 힘으로 열린다

나는 열리는 문 앞에서
수줍고 눈부셔한다

# 측백나무 울타리

# 이월 산

산정에 덮인 흰눈이 밝다.
조금씩 밑에서부터 녹아내리리라.
해 머금은 바람이 갈참나무를 버석거리게 하고
매화를 꽃 피운다.

봄이 온다고 생각한 순간
산을 오르는 내 어깨를
눈 뒤집어쓴 봉우리의 어두운 그늘이 짚는다.
내 속에서 싹트는 어린것이 문득 오싹하니 아프다.

# 주 검

물은 소용돌이치지만
강은 흘러가지 않는다.
부패한 냄새를 감춘 고요한 투영만이 있다.

하늘과
구름, 그리고 폭풍의 별들이 비치지만
그건 어디까지나 수면의 현상일 뿐이다.
물 아래에는 죽음이 있다.

그를 찾는 사람들이
하늘과 구름, 그리고 폭풍의 별들을 뒤지는 동안
물 아래 반듯이 누운 사내의 뜬 눈에
사람들의 하늘과 구름, 폭풍의 별들이 어른거린다.

들키지 않는 분노 때문에
문득 물은 흐르기도 한다,

아득히 댐 아래로 틈을 넓히며.

물 아래 누운 사내는 때로 뒤척이며
그 어깨가 떠오르기도 한다,
하류의 민물과 소금물 뒤섞일 때
바랜 돌처럼 번쩍거리며.

# 비 밀

그 나무는 신의 모습으로 서 있었네.
—모든 나무는 신의 모습을 하고 있다고
나는 생각하네—
해 뜰 무렵 출근길에 인도와 차도 사이, 아슬아슬하게,
나무의 서쪽으로 드리운 그 그림자에
내 그림자의 가슴을 맞추었네.
다른 사람들이 버스가 오나 하고
동쪽으로 목을 뺄 때에,
슬쩍.

그게 '일치' 라는 암호를 쓰는
내 비밀이네.
여러분들도 도시인이라 물론 많은 비밀을 가졌을 테지만.

해질 무렵 버스에서 내려
동쪽으로 뻗친 그 나무 그림자에

내 그림자를 몰래 맞추려 했지만,
퇴근 시간이라 사람들이 붐벼
또 뒤섞였네.

# 빈 집

쐐기풀 덤불 아래
푸른 먼지 푸른 먼지 푸른
먼지, 때로 젖고 마른 잎들만 비틀린 채 드러나
가만히 앉을 그늘이 없다.

회색 개미떼가 쳐들어오는 방안에는
붉은 술병의 그늘이 식어 있다.
문밖엔 여전히 붙은 '신문 사절'

물론 다시는 신문이 오지 않는다.
그 대신 포크레인과 포크레인과 포크레인이 온다.
그 자신의 그림자를 타고 달리는 회색 벌레 같은.

담 안에 뛰어들어 얼른 꽃 피우고
먼지 그늘에 숨는 민들레가 그걸 엿보고는
재빨리 온 집 안과 집 밖에 바람 씨앗을 날린다.

# 측백나무 울타리

버스에 부딪혀
소형차는 길 밖으로 튕겨
가로수를 들이받아 쓰러뜨리고 뒤집혀져,
쏟아져내리는 사람들.

그러나, 다아,
살았다.
죽음의 냄새 같은
향기가 주위에 가득할 뿐.
그것은 살아 있는,
측백나무 향기.

살펴보니 측백나무 울타리를
들이받고 멈춘 것이었다.
측백나무 울타리가 우릴 막아주었다,
죽음으로 가는 길을.

측백나무 너머 캄캄한
죽음의 세계가 보인다.

신성한 향기로운 나무라고
모든 길들마다 측백나무를 심자고
그것이 죽음을 막아준다고,
측백나무를 찬양한다.

그러나 나는 결국 한쪽만을 찬양한 것이다.
측백나무가 어찌 죽음에 개의하랴.
측백나무 울타리 저 너머에서는
한 어머니가 어린 아들더러 측백나무 울타리 너머로 달려
나가지 못하게 타이른다,
이쪽 켠에
도리어 위험한 세계가 있다고.

# 현흥들 1


갈대 마른 잎들이 서로 낮게 부딪치고
그 속으로 밤을 닦는 비.
그 축축한 땅,
그 열리지 않는 문.

갈대는 언덕을 떼지어 올라
바람을 더 불러모으고
어둔 들 멀리 폭풍처럼 나앉은 마을의 불빛들.

대한(大寒) 사흘 뒤쯤
비 속에는 눈과 뇌성이 머금어져 있다.

열리지 않는 땅,
사람들을 내보낸 들판을 가로지른 시멘트 포장길이 상한
채
갈대 뿌리 아래 지워져 있다.

# 탑

너의 웃음이 보고 싶다. 희게 바랜 내 마음에 박히는, 너의
희게 바랜 치아. 네가 탑이라면, 그 탑을 떠받치고 있는 누런
땅이라면, 오래 전에, 희게 바랜 탑을 물이끼 위로 솟은 현호
색꽃과 함께 아주 가까이서 본 적이 있다.

# 고추잠자리

그가 날 찾아왔다고 생각한다.
그가, 그 여린, 모든 설명과 죄악의 세계에서 자유로운 그가
문득 내 앞에 나타났다고.
이 턱없는, 아슬아슬한,
사랑이 실은 나의 힘이다.
내가 사는 도시의 미세하게 얽어짜인 미궁들을 비켜서
그만이 아는 미로의 해답을 더듬어서
그가 내게 왔다.
> 그 길은
> 내가 가보고 싶었던 길

그를 붙잡으려고 볼펜을 놓다가 밀린 서류를 챙기느라 나
는 또 깜빡 빠져든다. 아침에 샤워한 등이 에어컨 기운에 닿
아 무감각해진다.
그는 붉은 섬광처럼
내 서류 위에 날개 그늘을 드리운 다음

찬바람에 떠밀려 방음의 천장을 휘젓다가
창밖으로 날아가버린다.
누가 문을 연 실수를 범했나보다.

누가 투덜대며 문을 닫는 소리에 바깥에서 침입하던 소리
들이 끊겨, 나는 잠시 멍한 적막 속에 빠져든다.
내 주위에서 몇 사람이 황급히 서류 속에 몸을 숨기는 게
느껴진다. 나보다 먼저 그를 본 이들임을 알겠다. 그들은 창
밖의 가볍고 투명한 날개의 침입자들을 잠시나마 은밀히 지
켜보았겠지.
그러나, 다행히, 그는 문 닫기 전에 빠져나갔고
그래, 그는 내게 왔다가, 문득, 가버렸다.
　　그는 잘 돌아갔을까
　　왔던 길을 되짚어서


실바람처럼

그가 간 길을 나는 헤아리지 못하지만,
타이피스트 김양은, 지난 주말에 산에 갔다가
폭우를 만나 숲에서 허둥댔는데
그것들이 나뭇잎 뒤에 실바람처럼
붙어 있더라고 말한다.

# 밀양강 2

속 모를 생각의 잔 파문. 잡된 꿈의 합류로 더 넓어지는 강
폭의 전망. 홍수의 자해(自害)와 가문 날의 불의 반영으로 얼
룩진, 내 속에서 굽이치며 깊어지는 틈과 푸른 상처.

# 명금폭포

저 폭포는 나의 안으로 쏟아져 폭발한다. 모든 밖이 나의
안이다. 모든 안이, 나의 상처이다. 가파른 절벽의 무지개로
걸리는 솟구치는 마음의 우레.

# 대가천 2
—은어 낚시


나는 은어를 본다.
물의 힘줄 속에 그것들의 길이 있다.
물의 힘줄을 은어들이 당겨 강이 탱탱해진다.

나는 은어를 본다.
강의 힘줄이 내 늑간근에도 느껴진다.
그 밖에 중요한 것은 없다.

나는 은어를 본다,
언어에 기대어서.
이건 물론 중요한 게 아니다.

누가 강의 힘줄을 풀어놓느냐
강에는 은어가 올라와야 한다.
그 밖에 중요한 것이 도대체 무엇인가.

# 태화강

물결이 돌에 내 바깥의 시간을 아로새기며 불길 속을 끓으며 흘러내린다. 청미래덩굴숲에서 나와 가문 날을 핥으며 지하로 뚫린 구멍 속으로 기어드는 개미떼를 쫓아 내가 하산한 뒤, 강에는 불에 덴 산그늘이 내려 끓어오르고, 내가 미처 떨어버리지 못한 무지개들이 폭발하는 자국마다 마르는 천둥.

# 신천 세미나 1

　냇물 속으로 고기 같은 게 흘렀는데, 자세히 보니 비닐 같기도 하고 아무튼 논의의 대상인 현대적이고 포스트모던한 것이었다. 애초 이렇게 멋대가리없이 서두를 뗄 생각은 없었다. 한때 나는 이 냇가에서 옷을 벗고 은어 새끼처럼 어깨 번쩍이며 내달렸다고 쓸 작정이었다. 그러나 역한 냄새 때문에, 이제 와서 그런 생각이 무슨 소용이람, 하고 생각했다. 잡스런 것들의 덤불 아래는 사산한 아기들을 버린 구덩이에 독한 뜨거운 물이 고여 있었다. 우리들의 기억들도 그렇게 묻혀 부패했다. 한 아이가 풀도 없는 내를 가로질러 달려갔다. 그 아이는 아마 일찍 병들어 죽거나 악마가 될 것이라고 논의되리라. 저런, 저런, 또 한 아이가 냇가에 서 있다. 더 구체적으로 논의되어야 한다.

# 가야산

계류와 더불어 칭얼대며 내가 숨긴 길. 동굴의 숲가엔 얼레지꽃들이 고개 숙인 채 나의 그림자를 응시한다.

그 짧은 생애들의 외롭고 강렬한 눈길 따돌리며 산등성이에 올라서자 조릿대숲이 앙칼지게 울며 열린다. 큰 바람이 내 욕망을 뒤집느라 웅성거린다.

아직 집에 가고 싶지 않다.
바람의 칼날이 조각하다 부러뜨린 나뭇가지 끝에 간밤에 눈이 얼리고 간 내 꿈이 싹트고, 산정에서 뒤엉키는 내 마음의 사나운 구름.

# 화암벌 1

    눈 내리고 달개비 뿌리의 멀리 가까이 땅속으로 난 물길은 내 마음 아래 그대로 흐르고, 그 흐르는 물에 봄빛이 그리움으로 아롱져 있다. 지난 가을 달개비가 닿은 들녘의, 모든 것들이 얽힌 풀뿌리 아래 내 그림자의 뿌리도 얽혀 있다.

# 별

길의 마음 위로 낙엽이 진다. 돌아가는 이 거리의 불끈 가
게를 지나 별들의 뒤로 낙엽들이 몰려가며 운다. 저 눈물들
모아 이 가을 나의 이부자리 만들어야겠다. 너는 어느 골짜
기에서 또 뉘 그리며 그럴는지.

# 금요일엔 먼데를 본다

금요일엔 먼데를 본다

# 금요일엔 먼데를 본다

마음이 탄 걸 비벼 모래에 꽂으니
누가 섣불리 그걸 쓸어가선 버린다.
담배 연기와 성에로 뿌연 빌딩의 창 너머
눈 덮인 팔공산 동봉 위 하늘 고랑에
구름이 눈부신 아침.

빌딩 안에서 모래와 내가 함께 서걱일 때
저기, 저 동봉에 걸린 바람이
내가 흩트리고 쌓는 재떨이 속의 모래에서도 일어난다.

대도시 빌딩에서 내 儀式은
창을 열고 빌딩 밖으로 얼굴을 한껏 내민 채
구름을 불러 마음이 그 위에 타는 것.
갇힌 모래에 이는 바람을 깊이 삼키며
나는 모래에, 상한 구름 기둥을 꽂아둔다.
그런 다음 사무실로 돌아와 주말 등산을 신청한다.

# 산 길

불타다 남은 색실 타래처럼 툭, 툭, 끊긴 길. 그 길들을 이은 매듭의 마음엔 천둥 속 계류처럼 사방에서 뿜어져나오는 낯선 모퉁이들이 아름답게 있다

# 쥐

쥐가 내 마음의 틈서리를 넓히며
세월의 자국을 그려낸다.
그들의 통로는 어둠 속에 묻힌 케이블선보다
확실한 전언을 갖고 있다.

그들은 내가 벽에 둘러싸여 있음을 알려주고
내 체취를 이루는 음식과 욕망과 그리움들이
그들과 무관하지 않음을 깨닫게 해준다.

나는 그들의 통로에 덫을 놓을 생각이 없다.
쥐는 어디든 다니며 이곳과 저곳을 연결한다.
(언젠가 대구 중심가에서 대낮에 4차선 대로를 가로지르
는 쥐를 본 적이 있다. 그 털은 곤두서고 그 눈은 광채로 번
쩍였다. 그때 나는 길 이쪽과 저쪽 건너편이 도시적 구획이
아닌 어떤 삶터로 연결되어 있음을 알았다.)

그들에게 자기만의 구역이란 무의미하다.

그들은 삶과 자연의 소통이 있는 곳이면 어느 곳이건 출몰한다.

그들이 싸놓은 오줌의 네트워크로 내가 사는 도시는 여전히 연결되어 있고,

그러한 한 나의 미래는 아직도 낙관적이다.

# 지리산 2


푸른 산그늘 덮여와
내 욕망이 파묻히는 그 아래로
노을 뒤집어쓴 꿈은 떠오르네

우리가 뒤돌아보며
상처를 파묻는 그 안에서
푸른 삶은 떠오르네

아아, 나무가 소나무가
불쑥, 그 속에서 다 푸르네

## 성 묘

할아버지 묘, 곁에 아버지 묘, 지나 파란 불로 타오르는 가
야산 보며 능선을 넘어, 그 아래 파란 물 흐르는 골짜기에 할
머니 묘, 그 건너편에 오촌당숙 묘, 종조모 묘⋯⋯

또 봄이 와, 여름에서 가을까지 이곳에는 며느리밥풀, 산
비장이, 산꼬리풀, 등골나물, 냉초, 구절초, 개시호, 수리취,
잔대, 마타리, 바디나물, 뚝깔, 패랭이꽃, 쉽사리, 집신나물,
층층이꽃, 털동자, 할미, 비비추, 애기원추리, 솔나물, 꿩의
다리, 바위채송화가 어우러지네.

애고애고, 그런 산을 내 삶과 죽음의 시간들이 바랜 사진
의 아버지 표정처럼 물끄러미 뿜어올리고 있네.

# 집

봄은 너무나 쉽게 통일을 이룬다.
황사바람에 흙으로 메워진 틈서리마다 바랭이풀이 눈트고
움막 위 쌓인 먼지가 흙이 된 곳엔
작년에 꽃 피웠던 제비꽃의 새싹도 돋는다.
해마다 그 씨앗들이 바람을 훌부셔
터널 주위 너덜엔 바랭이풀과 제비꽃이 어우러졌다.
바랭이와 제비꽃이 쏟뜨린 향기로 인간의 경계가 덮인다.

삶의 밑은 알 수 없는 정적의 터널이 휑하니 뚫려 있다.
그는 그 위 시멘트 바닥에 임시로 몸붙일 움막을 지었다.
그 삶이 오래가리라고 생각지는 않았다.
그러나 기차는 아직 남쪽에서도 북쪽에서도 오지 않는다.
통일은 녹슨 철로 위 믿을 수 없는 뜬 삶처럼,
알 수 없는 그들 삶의 밑처럼 아득하다.
허공 위에 덧댄 천막의 삶이 40년을 넘게 펄럭여
그의 생은 이제 그 바람의 갈피에 뿌리내렸다.

그나마 뜯기지 않으려고 안간힘하면서
한편으로는 그 맨 마음에 불안해하면서
늘 임시 삶을 살아왔다.

때로 서울로 대구로 목포로 살림난 자식들이 오면
그는 자신의 삶터를 이룬 그 풀과 꽃들 속에 술상을 차린다.
녹슬어 버려진 철로를 따라 바람에 묻어오는 꽃향기가
막노동에서 돌아오는 그의 저녁을 때아닌 부드러움으로
감싼다.
그럴 때면 그는 움막 밑 터널에 들어, 기차처럼,
터널 위에 붙은 집들을 털어낼 듯이 굉음을 내며
앞뒤로 몸을 덜컹거려보는 것이다.

# 용담정 가는 길

1
한시름 놓는 사이
마른 물길 따라 구부러진 길이
상처투성이로 길을 묻는다

사십에 죽은 한 사내의 두루막처럼
길이 희게 펄럭인다

2
마른 물길 거슬러올라
가보지 않았어도 낯익은
저 살아간 길이 죽어간 길과 겹쳐져
여전히 피고름 묻은 길을 묻는다
사십에 죽어 되살아난 사람의 짚신처럼
한 길이 나를 새 끈으로 묶는다

3

사랑이여, 라고 노래한들
내 상처가 그에게 온전히 아물지 않듯
용담정 가는 길도 쉽게 버려져
내게 이르지 않는다

산길은 갈대와 소나무 아래로 내려오고
마른 내를 거슬러 올라간다
그것이 바로 용담정 가는 길이 아니라 해도
용담정이 그 길을 비켜나 있지 않음을 알아야 한다

4

삶이 치욕일진대
용담정에 이르는 길도 치욕이다
그의 아픈 삶이 푸른 나무들 속으로 길을 느끼듯
마음의 상처만이 길을 새로 물어
길 밖에 내놓은 신발들을 햇볕에 널어 말린다.

# 사 랑

그것은 네게서 떠나 어디론가
사라진다 너에 의해서 남들 안 보이는 곳에
감춰진다 그곳을 너는 캄캄한, 너완 상관없는
무슨 무덤 같은 곳이라 생각하겠지

금호강에서 낙동강 하류에서 나는 그걸 보았다
누구는 난지도에서 보았다고 했다
네가 버리고 덮은 곳이 너의 세상인 것을
네가 몰랐을 리가 없다

그게 네게서 끝나지 않으면
영원히 너와 있고, 우리와 있는다
네가 처리해라
    처리하기 귀찮으면
    아예 만들지 마라
네가 죽어 묻혀 네 흔적을 노을에 풀어버리려 해도

마찬가지, 네가 온전히 네 스스로를
소화해야 그게 가능하다

# 소나무 1


수백 년을 자연이었다가
인간들의 욕망에 사로잡힌 소나무

나는 그 아래 서서
신경이 예민해진 가지와 잎 사이로
폭포가 되어 쏟아져내리는 햇살을
받는다

# 소나무 2

늙은 소나무 아래,
모든 것이 새로 자라 올라오는 그 아래,
내가 꾸민 제단에,
소원이 타다 남은 재들이 무지개처럼
약속의 부호처럼 아롱져 있다

# 소나무 3

소나무가 햇빛을 퉁겨올려 만든
초록 그림자에 싸여
내 마음이 서늘해진다

바람이 설레며 파고드는 숲속에
인간들의 약속들과 무관하게
있는 곳이 더 깊어진 소나무들이 있다

# 노란 나무

　나무들이 목재가 되어 쌓인 곳, 무참히 부러진 가지들이 어둠 앞에서 어디로든 뻗길 멈추었다. 원래는 속에 물 흐르는 흰빛, 검은빛, 푸른빛 나무들이었으나, 누가 베어낸 뒤, 그 위에 노란 칠을 해놓았다. 햇빛에 그 색깔은 강렬하지만, 어둠 속에서도 그 빛깔이 강렬하다. 장수하늘소들도 노란 칠을 덮어쓴 채 나무를 빠져나갔다. 나무들은 풍우와 등진 채, 새로운 세계로 자신들을 데려갈 그 무엇을 기다리며, 막연하게 누워 있다. 죽음의 표시만이 확실하다.

# 야적 5

햇살과 살 섞은 잎들 푸르게 살랑이며
나무가 날 따갑게 바라보게 한다.
제방을 넘보며 느티나무 한 그루가
낯선 또는 낡은 그리움같이 내게 선다
바람을 모으는 말의 풍경일까?

여름 동안 그 나무 아래는
끊임없이 살랑대는 바람 그늘과
무성한 쐐기풀 덩쿨로
깊고 그윽한 폐허를 이룬다.

누가 불을 질러
나무 밑이 검게 드러난다.
거기 잡다한 통들이 버려진 채 쌓여 있고
그 사이로 나무 뿌리가 얽혀, 들어,
퍼져나가는 게 보인다.

실바람에도 마음놓지 않는
나무와 풀뿌리들에 얽힌 채
통들은 아직 제 시간을 채우지 못해
컴컴하게 비어 있으면서
밖으로, 찬, 불길 같은 것이
자신들을 얽매며 자라고 있음을 느낀다.

# 야적 6

저 멀끔한, 그러나 생경한
풍경. 흔한 풍경인,
잔뜩 쌓여 있다가 문득 사라져버리는
빈 감정들의 집적과 잠적.

심란한 건
고무타이어가 기대고 선
쇠파이프 또는
벽돌 더미의 하늘.

나는 창을 닫은 자동차로
아침에 철근들 쌓인 공터를 지나쳤다.
귀가길엔 철근들 사라지고
아이들만 뚝 뚝 하늘을 가르며 서 있었다.
이튿날 아침에는 목재들이 높이 쌓였고,
그건 오래갈 듯했다.

쌓아놓은 것들이 가리거나, 열어놓은
푸름에 내가 마음을 쓰지만,
그건 쌓여 있을 때나
비어 있을 때나 마찬가지.

# 기린초


내 바람의 말을 알아듣는지
당신은 흔들리는군요
골짜기 뛰어내리는 바람을 휘감아올리며
끊임없이 놓아 피어나며
지며


허지만 기린초는 여전히 절벽 위에 피어 있고
내가 작게 올려다보는 것이지요
숲속 느릅나무 새순 같은,
내 안에서 내다보는 또렷한 눈


아아, 저 푸른 톱니로 감은 잎이 띄운 줄기 끝에
뭉쳐 핀 노란 별들

# 월동 준비


들추어내니,
우리집 구석구석엔 어둠이 많다.
우선 치워야 할 것들.
해를 보낸 온실은 삭은 비닐들로 너풀거리고,
그 아래 어둠 속엔 쥐의 시체가 말라 있다.
주검 주위엔 어둠이 탄 듯, 검은빛이 번져난다.

옥잠화 마른 줄기 밑에는 젖은 어둠이 뭉쳐 있고
개구리들이 자신들 속에서 반쯤 눈을 감고 있다.
마른 줄기를 걷어내고 짚으로 그 꿈을 덮어준다.
작년에 묻었던 김장독을 꺼낸 자리의
마른 나무 뿌리와 썩은 짚 사이에는 귀뚜라미들이 살고 있다.
여전히 치울 수 없는 것들.

처음엔 이렇게 시를 이어갈 생각이 없었다.
들추어내어 치워서 가볍게 하리라 생각했다.

그러나 이쯤에서는 그렇지 않다.
내게는 의외로 들추어낼 것이 많지만
그것이 죽음에 싸여 있어도 그냥 버려질 순 없다.
이 시의 서두에서 어둠을 제시한 건
고된 겨우살이를 짐작했기 때문일까?
어쨌든 겨울은 오고 나는 준비를 해야 한다.
잘라낼 것은 잘라내고
짚으로 감싸고 비닐로 막아야 한다.
이제 곧 땅은 얼어붙고 북풍이 흰 이를 드러낸 채
나의 지붕을 핥고 지나가리라.

그러나 난 지켜야 할 생명들로 안이 그윽하다.
진달래 가지 끝에 뾰족한 꽃망울.
그걸 보호하기 위해 그 아래 어둠을 이해하고
어둠 속의 죽음을 모든 씨와 뿌리 안에 묻으며
그 무덤의 가슴이 꽃꿈임을 내 시는 애써 강조한다.

# 연 어

연어떼가 올라오는지
오십천 물이 은빛으로 반짝이며
갈매기 발을 차게 간질인다.
자갈 틈새로 흐르는 구름이 여울에서 자지러지고
강은 들뜬다.

연어들이 돌아온다
거슬러오르는 언어 같은 걸 밀어올려주며,
알밴 배를 터트리려는 욕망의 물길을 좇아
연어들이 떼지어 오른다.

떼지어, 나는 본다, 그 회귀의 여울에서
되돌아가려는 천진스런 악의 언어와
물그늘 무늬에 자기 그림자를 짜맞추는 숨김의 말이
퍼덕이는 것을.

# 울 음

빗물에 땅은 무늬지고,
그 얼룩마다
서럽게 문지른 흔적이 있다.

이제 못 울음에 떨던 머리칼도 희어져, 성글었다.
한때 그녀는 눈물이, 번쩍이는 못물 아래 잠든 무기처럼,
차츰 엷어져 삭아질 것이라 생각했다.
그러나 오늘 몇 군데의 검문소를 지나
철원평야, 인간의 밖에 맺힌 묘소에 성묘하고 나올 때,
끊임없이 안에서 솟구치는 눈물이 악처럼
문지를수록 더 더러워지는 것임을 안다.

서로 막지만 않는다면,
터져나오는 눈물이 이쪽 저쪽 온 데를 다 적셔,
폭우가 될 것이다.
마침내, 젖어 푸르른 풀덤불 그늘 짙어져
모든 아비와 어미와 자식들이 그 안에 있을 것이다.

# 수계당 산고(修溪堂 散稿)

## 1. 내려놓은 마음의 정처

　지난 한 해 내내 지리산 오르는 사람들을 따라다녔다. 지리산은 그 품이 넓다. 오를 때마다 나를 감싸안는 그윽한 힘을 느낀다. 남명은 지리산을 죽은 소 갈비뼈(死牛脅) 같다고 했다. 그는 십여 차례 지리산을 답사했고, 노년을 그 뼈(지리산이 뼈라면 육질이 많이 붙은 통뼈이다)의 골짜기 어디쯤에 깃들여 지내려 했으나 뜻을 이루지 못해 탄식했다. 지리산을 오르내리면서 지리산에 관한 글들도 꽤 뒤적여보았다. 그러나 그런 지식 나부랭이들에서 벗어나, 자유로우며 풀린, 그야말로 내려놓은 마음으로 산을 숨쉬고 노닐려 애썼다. 산 구석구석을 꼼꼼히 더듬으면서 시를 만들 욕심도 없진 않았다. 물론, 늘 그렇듯이, 그게 잘 맞아떨어지지 않는다. 아직 한 편도 제대로 이루지 못했다. 지금은 오히려 느긋하다. 언젠가는 내 말과 산기운이 맞아떨어질 때가 오겠거니 하고 짐짓 기다려보는 여유가 생긴다. 이 두 마음 사이에 내 떠돎이 있고, 그 안과 바깥에 환하고 어두운 지리산이 있다.

시야 어찌 됐든, 그렇게 마음을 내려놓으면 그 동안 더듬었던 기이한 봉우리들과 골짜기들이 벽지의 문양처럼 선연하게 자주 떠오른다. 때로는 장쾌한 조망으로 그 높이와 넓이가 가늠되고, 때로는 미세한 부분들로 나누어져 그 깊이가 부각된다. 그럴 때마다 나는 몸과 마음이 설렌다. 이런 설렘 말고도 지리산에 갈 때마다 한 순간씩 몸과 마음의 미묘한 느낌에 휩싸이는데, 그것이 무슨 소식인지 알지 못했다. 그러다가 삼신봉에 올랐을 때 어렴풋이나마 그 낌새를 알아챘다. 청학동에서 밤에 잠깐 눈을 붙였다가 아침 일찍 시누대 숲 사이로 난 소릇길을 따라 삼신봉에 올랐다. 쾌청한 날씨여서, 천왕봉에서 세석평전, 토끼봉, 반야봉을 지나 노고단으로 이어지는 백여 리 능선의 장관이 눈앞에 푸르스름하게 펼쳐졌다. 그 울멍줄멍하게 뻗은 당당한 묏뿌리 앞에서 나는 얼마나 수줍음을 탔던가. 그래, 그것은 수줍음이었다.

수줍음이란 부끄러움과 유사하다. 부끄러움을 사전(이희

승 국어사전)은 "스스러움을 느껴서 수줍음"으로 풀이했다. 낯설어서 대하는 태도가 자연스럽지 못하다는 뜻이리라. 내가 탔던 수줍음도 그런 것일까. 그런 것 같기도 하고, 그런 것만은 아니었다는 생각도 든다. 꼭 낯섦 때문만은 아니리라. 수줍음은 만해의 싯구절인 "나는 작은 풀잎만치도 가림이 없는 발가벗은 부끄럼을 두 손으로 움켜쥐고, 빠른 걸음으로 잠자리에 들어가서 눈을 감고 누웠습니다"(「錯認」)처럼 사랑과 관계되어서 나타나는 태도일까.

나는 자연에 대한 인식을 시를 통해 드러내려 애썼다. 그 인식 속에는 남들이 잘 모르는 나름대로의 수줍음이 깃들여 있다는 생각을 이따금 했다. 수줍음이야말로 사랑의 첫 문이며, 마지막까지 서로의 관계를 신비하게 지속시키는 정서적 빗장일지도 모른다. 빗장은 '잠금'과 '품'의 의미를 동시에 내포한다. 정서적 빗장은 수많은 너와 나 중에서 유일한 너와 나의 관계를 인식시키는 열린 양식이다. 그러나, 그러나, 그걸 어떻게 말로 설명할 수 있겠는가. 말로 설명하려 들면 이미 모든 게 어그러져버리는 그런 것이기도 하니까. 다만 그런 마음은 더욱더 숨기려 들면서도 그만큼 은근하고 표나지 않게 드러내려 든다는 것만을 느낄 수 있을 뿐이다. 이런 감춤과 드러냄이 혼용된 마음은 무슨 축제의 마음일까. 그

미묘한 안에 시가 있을지도 모른다. 첫 시집 『투명한 속』의 해설(「녹슮과 끌어당김」)에서 김현 선생은 "광물질의 부패는 녹슮으로 표상된다. 그 녹슮이 땅을 향할 때, 그것은 마치 사정하는 성기처럼 녹물을 질질 흘린다"고 내 시를 애기했다. 처음 그걸 읽고 속으로 뜨끔했다. 내 시 속에 넣어둔 수줍음을 들킨 게 아닌가 해서였다. 그 후 나는 한동안 남에게 들키지 않으려고 더욱더 꽁꽁 봉인하고 봉인해서 언어의 그물 안에 그걸 숨겨버렸다. 그렇다고 그게 온전히 숨겨지기만을 굳이 바랐을 리도 없었으리라. 그런 마음이 그날 삼신봉에서 탔던 수줍음과 어떻게 같고, 어떻게 다를까 하고, 나는 지리산을 오를 때마다 자주 지그시 생각한다.

## 2. 신천을 찍다

신천교 확장 공사 때문에 차들은 임시로 설치한 우회로 쇠다리를 통해 강을 건너느라 뒤뚱거린다. 신천교는 신천을 가로지르는 많은 다리 가운데 가장 일찍 놓여진 다리이다. 그 다리 위에 서면 검은 강물이 흘러내리는 상류 쪽과 하류 쪽으로 대도시 건물들이 빽빽하니 치솟아 있거나, 잔뜩 움츠린 채 도사리고 있는 게 눈에 들어온다. 대학 시절에 나는 곧잘 신천교를 건너 경북대로 걸어다녔다. 그때마다 신천교 위에 망연히 서서 상류 쪽을 바라보곤 했다. 때로 제방을 따라 걸어 올라보기도 했다. 60년대까지만 해도 이 강가에는 제방이 이어져서 봄이면 푸른 풀들이 덮였다. 그 위로는 능수버들이 바람에 휘날렸다. 강물도 맑아 빨래하는 여인들이 많았다. 60년대 전후에 신천변에서 본 것 중 가장 인상적이었던 것은 강변 여기저기 울긋불긋하게 널린 천들과 옷가지들이 바람에 펄럭이는 광경이었다. 그러나 그런 정취는 차츰 자취를 감추어 70년대 후반에 오면 강안 풍경이 크게 바뀐다. 빨래하는 여인들이 사라지고, 강물은 검게 변해 때로 역한 냄새를 피웠다. 제방도 아스팔트 도로로 포장되었다. 지금은 고속화 도로가 강을 따라 질주한다. 대학을 그만둔 뒤에도 나는 때때로 신천교든 동신교든 수성교든 신천 위에 걸린 다리 위에 서 있는 수가 많았는데, 차츰 어깨 뒤를 짓누르는 도시의 힘을 느꼈다. 어느 때는 다리 위에서 환상 같은 광경을 보기도 했다. 도시의 굴뚝들이 남근처럼 일어서서 신천이라는 여성을 윤간하는 그런 광경이었다. 끔찍했다. 강은 서서히 죽어갔다. 이상화의 시 「빼앗긴 들에도 봄은 오는가」의 현장으로 전해져오는 수성들도 더불어 황폐해져갔고, 도시로 변했다. 내가 카메라를 들고 신천변 여기저기를 사진 찍으러

돌아다니던 게 이 무렵이다. 강가에 널브러진 온갖 쇠붙이들, 유리 부스러기들, 비닐 제품들이 우선 카메라에 잡혔다. 그 필림들을 내식으로 거칠게 현상하고 인화하여 방 벽에 붙여놓고, 나는 무슨 보고서를 쓰듯이 그것들 하나하나를 언어로 묘사해보이려 애썼다. 그것이 바로 첫 시집의 풍경들이다.

모든 생태계가 그렇듯, 어쩌면 신천은 인간들의 삶의 중심을 흐름으로써 그렇게 되어지기로 운명지어진 것일까. 신천은 원래 가창을 지나 용두산에서 두 갈래로 갈라져서 흘렀다고 한다. 한 갈래가 반월당으로 해서 옛 아미산 밑을 지나 달성공원 앞을 흘렀는데, 그 수로가 막힌 것이 조선조말이었다. 한쪽 수로 입구를 제방을 쌓아 막아버린 것은 홍수가 지면 그 범람으로 대구 분지의 중심이 자주 잠겼고, 무엇보다 향교가 홍수 피해를 당할까 우려됐기 때문이었다고 한다. 어쨌든 그때부터 신천은 자연스러움을 잃고 답답해졌다. 강이 있었던 자리는 길들이 얽히고 건물들이 들어찼다. 강안의 수천 년 동안 이어오던 취락지 흔적들(고인돌, 신석기와 청동기 시대 주거지, 고분 등)은 막무가내로 파헤쳐지고 불도저에 의해 쓸려버렸다. 남은 한 줄기(신천)는 근대 이후 도시의 배설물을 받아내는 하수도로 전락했다.

신천은 팔조령과 비슬산자락에서 각각 발원한 물이 가창쯤에서 만나 대구 분지로 반짝이며 모습을 드러낸다. 그 강은 오랫동안 대구 분지의 젖줄이었다. 지금은 온갖 오물과 함께 사산한 아기를 버리는 검은 시궁창으로 전락했다. 대구시 행정 당국은 뒤늦게 그 끔찍함을 절감하고 신천 되살리기에 나서, 강으로 쏟아내버리는 공장 하수와 생활 하수를 위한 수로를 따로 내고, 강안을 정비하는 등 안간힘을 쓰고 있다. 신천의 다릿걸에 서면 그런 안간힘의 현장들이 자주 눈에 뜨인다. 때로 그것이 일시적인 효과를 거두었는지, 어쩌다 왜가리라도 한두 마리 날아와 앉으면 신천이 되살아났다며 신문마다 그 사진이 실리는 등 시민들의 관심이 고조된다. 그 사진 배경 속에 전에 내가 찍었던 사진들이 회색으로 겹쳐져 있는 게 내 눈에는 아프게 잘 보인다.

### 3. 까마귀에 대하여

까마귀가 눈에 잘 뜨이지 않는다. 나의 고향 고령군 운수면 대가천변의 들에는 70년대초까지만 해도 많은 갈가마귀 떼가 날아다녔다. 요즘은 그것마저 잘 보이지 않는다. 지난해 지리산 중산리에 갔을 때 그곳의 한 주민은 까마귀는 이

제 씨가 말랐다고 했다. 어쩌다 그것이 몸에 좋다는 소문이
나자 밀렵꾼들이 닥치는 대로 까마귀 사냥을 해댔기 때문이
다. 어느 때는 까마귀 한 마리가 백만 원에 팔려나갔다고 했
다. 이런 일이 전국적으로 자행되어, 까마귀는 이제 멸종 위
기에 처해졌다. 격세지감이 인다. 옛부터 까마귀 고기를 사
람들은 먹지 않았다. 어릴 적에 까마귀 고기를 먹으면 머리
가 나빠진다는, 또는 잘 잊어먹는다는 말을 늘 듣곤 했다.

　일본 교토의 한 고찰에 들렀을 때 까마귀가 흔히 보여서
기이하게 생각했다. 알고 보니, 그 나라에선 우리나라에서
까치를 길조라 하는 것 이상으로 까마귀를 길조로 여긴다는
것이다. 이에 반해, 어떤 데서 연유됐는지 모르지만, 까마귀
는 불길한 새로 우리에게 인식되어져왔다. 검은 몸 빛깔에
다, 그 식성이 죽은 들짐승들을 잘 먹는 데서 죽음과 관련되
어진 것일까. 고구려 고분 벽화에서 태양 속에 까마귀를 그
려넣은 것을 본 적이 있다. 까마귀가 태양신으로 숭배된 것
이다. 그러던 것이 어떻게 불길한 새가 되어버렸을까.

　까마귀가 불길한 새라는 인식과 관계되는 기이한 일이 우
리 집안에서도 벌어진 적이 있다. 어릴 때 죽은 나의 형과 관
계되는 일이다. 그 형이 아기였을 때 경기가 나서 숨이 넘어
갔다. 어머니가 급히 아기를 업고 마을에서 20리 떨어진 읍

내 병원으로 달려갔다. 가는 도중 내내 까마귀 한 마리가 울며 따라왔다. 불길한 생각에 어머니는 연신 돌을 던졌으나 까마귀는 막무가내로 어머니 머리 위를 맴돌며 따라왔다. 병원에서 아기에게 주사를 맞힐 동안에도 까마귀는 병원 창문을 쪼면서 울어댔다. 진료 후 아기를 업고 다시 되돌아갈 때에도 계속 따라왔다. 그러다가 읍내와 우리 마을의 중간쯤에 있는 옥산 다릿걸에 이르렀을 때 까마귀는 훌쩍 가야산으로 날아가버렸다. 그 순간 어머니는 가슴이 덜컥했다. 직감적으로 등에 업힌 아기가 죽었다고 생각한 것이었다. 그 자리에서 풀어보면 안 될 것 같아 이를 악물고 동네까지 와서야 죽은 아기를 내려놓고 어머니는 비로소 대성통곡을 했다.

까마귀에 대한 우리의 선입견은 기실 자연계에서는 터무니없는 것일 터이다. 최근 들어 자연을 찾아가는 일이 의식적이든 무의식적이든 많아지면서 나는 그걸 먼저 깨달아야 한다고 생각했다. 그것은 시작업을 하는 이들이 당연히 가지는 무슨 고정관념 파괴니 하는 말들과도 일맥상통되면서, 그것에만 국한될 수 없는 근원적인 삶의 이치로 여겨지는 것이다. 시는 언어로써 하는 것인 만큼 '말하는' 것이기도 하지만, 그것만이 아니라, 아니 오히려 그것을 뛰어넘어서 언어로써 자신 또는 자신의 삶을 '표현하는' 것이다. 그렇다면 그것은 결국 삶의 문제에 귀착된다. 우리들 각자의 삶은 자신의 생각을 우선으로 하게 마련이다. 그것이 최근 들어 갑자기 주목을 받는 자연 생태학적인 문제와 연관짓게 되면 얼마나 터무니없는 환상인지를 깨닫게 된다. 그 삶의 터무니없음에 대한 반성이 오늘날처럼 많이 거론되고 제기되던 때도 없었으리라. 첫 시집의 뒷표지에 붙인 시작에 관한 글 중에 "모든 존재는 신성하다. 이 평등한 사실 앞에서 인간의 삶은 좀더 겸손하고 확실해야 하리라"라고 쓴 적이 있다. '신성'과 '평등'은 자연계에서 인간이라는 절대의 존재성을 내세우지 않을 때에만 가능하다는 생각을 그때 한 것 같다. 그것을 위해서는 추상보다는 확실함이 우선되어야 하며, 무엇보다 자기 삶을 비우고 반성하는 겸허함이 필요하다. 이런 생각은 환경 문제가 본격적으로 거론되고 있는 요즘 더욱 절실해진다.

　얼마 전 고령 대가천을 따라 오르내리며 까마귀가 있는지를 살펴보았다. 그리고 그것이 거의 보이지 않는 데서 오는 허전함을 달래지 못해 안타까워했다. 아아, 까마귀가 없다면 까마귀와 관계해온 많은 것이 함께 없어지는 것이며, 우리 삶도 그만큼——어쩌면 그 이상으로——없어지는 것이다.

# 작가 연보

1948    경북 고령 출생

1969    경북대 사회학과 입학

1971    『현대시학』을 통해 등단

1975    이동순과 2인 시집 『百子圖』(예문관) 간행

1976    동인지 「자유시」 시작

1978    영남일보 기자

1980    시집 『투명한 속』(문학과지성사) 간행. 언론 통폐합
        으로 매일신문 기자로 옮김

1984    시집 『김씨의 옆얼굴』(문학과지성사) 간행. 대구 문
        학상 수상

1987    영남일보 복간으로 복귀(이후 문화부장, 제2사회부장
        등 역임). 시선집 『유리 속의 폭풍』(문학사상사) 간
        행

1988    소설 『여름강』(열음사) 간행

1989    시집 『우리 낯선 사람들』(세계사) 간행

1990　김수영문학상 수상

1991　시선집『비밀』(미래사) 간행. 도천문학상 수상

1992　대구 · 경북민족문학회 공동 대표. 시집『측백나무
　　　울타리』(문학과지성사) 간행

1993　민족문학작가회의 이사. 김달진문학상 수상

1994　대구민족문학회 회장

1996　현재 한국민족예술인총연합대구지부장. 민족문학작
　　　가회의 감사. 영남일보 부국장대우 주간부장.

# 원문 출처

『투명한 속』, 문학과지성사, 1980

부서진 활주로 / 뒤쪽 풍경 1 / 또다시 가야산에서 / 연탄재들 / 풀씨 하나 떠돌다가 / 투명한 속 / 순례 1 / 못 2 / 병 2 / 깡통 4 / 철모와 수통 / 은종이

『김씨의 옆얼굴』, 문학과지성사, 1984

컵 2 / 재떨이 2 / 3분 간 / 김씨의 옆얼굴 / 나른한 현장 / 강변 유원지 1 / 여름 휴가 / 우주선 / 교통 사고 / 죽은 아기를 새내에 띄우며 / 애인들은 쪽, 쪽, 소리를 낸다 / 1980년 11월 25일 / 아메리카 / 세 사내 / 개기월식 / 엘리베이터로 내려가다 / 동물 도감

『우리 낯선 사람들』, 세계사, 1989

밖 / 안 1 / 상처 1 / 그는 언제나 광고지를 펴든다 / 그의 구두는 검다 / 유리 속의 폭풍 / 나는 망가진 / 초록의 길 / 아무도 탐내지 않는다 / 야외 소풍 1 / 야외 소풍 2 / 야외 소풍 3 / 야외 소풍 4 / 야외 소풍 5 / 또 다른 길 / 마른 풀밭 / 비진도 / 밖으로

『측백나무 울타리』, 문학과지성사, 1992

이월 산 / 주검 / 비밀 / 빈집 / 측백나무 울타리 / 현홍들 1 / 탑 / 고추

잠자리/밀양강 2/명금폭포/대가천 2/태화강/신천 세미나 1/가야
산/화암벌 1/별

『금요일엔 먼데를 본다』, 문학과지성사, 1996
　금요일엔 먼데를 본다/산길/쥐/지리산 2/성묘/집/용담정 가는
길/사랑/소나무 1/소나무 2/소나무 3/노란 나무/야적 5/야적
6/기린초/월동 준비/연어/울음